LA CHRONIQUE DU PALAIS DE JUSTICE

CONTENANT

L'HISTOIRE

DES ANCIENS AVOCATS

ET LE

RÉCIT DES TRÉPAS TRAGIQUES,

TIRÉS DES ARCHIVES DE LA SAINTE-CHAPELLE, DES OLIMS ET DES
REGISTRES DU PARLEMENT.

PAR HORACE RAISSON.

II

PARIS,
BOURMANCÉ, ÉDITEUR,
20, RUE DES GRANDS-AUGUSTINS.

1838.

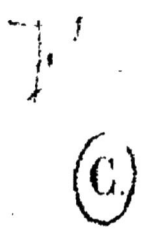

LA CHRONIQUE

DU

PALAIS DE JUSTICE.

IMPRIMERIE DE MADAME POUSSIN, RUE MIGNON, 2.

LA CHRONIQUE DU PALAIS DE JUSTICE

CONTENANT

L'HISTOIRE

DES

ANCIENS AVOCATS

ET LE

RÉCIT DES TRÉPAS TRAGIQUES,

TIRÉS DES ARCHIVES DE LA SAINTE-CHAPELLE, DES OLIM ET DES REGISTRES DU PARLEMENT,

PAR HORACE RAISSON.

II

PARIS,

BOURMANCÉ, ÉDITEUR,

20, RUE DES GRANDS-AUGUSTINS.

1838.

LE RÉCIT
DES
TRÉPAS TRAGIQUES.

I

Le Palais-de-Justice est peut-être, des monumens de Paris, le plus ancien dont fasse mention l'histoire. Suivant quelques auteurs, il existait dès avant Clovis; nulle preuve bien certaine ne l'atteste à la vérité, mais toujours est-il que les rois de la troisième race y firent leur résidence; qu'Eudes, Louis-le-Gros, Louis-le-Jeune, y moururent; que Pépin-le-

Bref, père de Charlemagne, y tint sa cour, et que la Sainte-Chapelle se dresse aujourd'hui encore dans son enceinte, pour témoigner du séjour de saint Louis et de la magnificence des travaux qu'y fit exécuter le pieux monarque.

Le temps, les révolutions, l'incendie ont exercé leur triple ravage sur ce grand édifice, et les réparations successives en ont fait une sorte de marqueterie monumentale, qui servirait au besoin à constater les progrès, ou les variations du moins, de l'art de l'architecture, depuis les premiers temps de la civilisation jusqu'à nos jours.

Les cuisines de saint Louis, creusées sous le sol, et dont on vient récemment de prostituer à la fois la philantropique destination et l'architecture sarrasine, en les transformant en ignobles souricières; les oubliettes de la Conciergerie, désertes heureusement depuis notre grande régénération politique; la salle des Pas-Perdus, rebâtie sur les ruines calcinées de l'ancienne salle de la Table-de-Marbre; les immenses tours rondes enfin, capricieusement coiffées de toits coniques que l'on fait remonter au treizième siècle : tous ces restes précieux, en se combinant sans trop d'harmonie avec les constructions nouvelles que la nécessité de s'agrandir fait élever chaque jour, attestent à la fois l'antique origine, la grandeur, les désastres et la destination du Palais.

Nous n'entreprendrons pas ici de tracer une froide et technique description de l'ancien monument, avec sa tour carrée, dont le tocsin, après avoir officiellement sonné la naissance et la mort de tant de rois, acquit une célébrité si fatale en donnant le signal du massacre de la Saint-Barthélemy : nous ne parlerons pas davantage de cette grande salle renommée, autour de laquelle, debout, immobiles, appuyés sur leur framée, leur sceptre ou leur glaive, barbus ou chevelus, vêtus de fer ou d'hermine, figuraient tous les rois de la France; conquérans, nationaux, Francs, Gaulois, forment un silencieux congrès où nul ne faisait défaut, depuis Pharamond jusqu'au vaincu de Pavie. L'incendie a tout dévoré, tout confondu ; une seule poussière est sortie des usurpations et des dynasties, et l'histoire seule nous a dit que là les rois recevaient les ambassadeurs, donnaient des festins publics, et faisaient, en présence du peuple, les fiançailles des enfans de France : curieux spectacle, et digne de cette monarchie qui, après avoir tenu ses assises au pied d'un chêne, devait, à quelques années d'intervalle, s'élever jusqu'à l'apogée de Versailles.

Au terrible incendie de 1617, il fallait une cause : la rumeur populaire l'attribua à la politique des jésuites, à qui il importait d'anéantir les pièces du procès de Ravaillac. Pauvres jésuites ! Heureusement le greffier Voisin avait sauvé les registres du Parlement. De ce Parlement lui-même nous ne dirons qu'un mot : c'est que l'Europe entière regardait ses arrêts comme l'expression de la sagesse et de la justice, à ce point, qu'au dire de Mézerai, les souverains étrangers soumirent maintes fois volontairement leurs différends à sa décision suprême.

Le Palais, tel qu'il est aujourd'hui, tel que l'ont fait les événemens et les hommes, doit seul nous occuper.

Jusqu'en l'année 1787, l'entrée en était indigne à la fois de sa grandeur et de son objet :

deux petites portes, cintrées en guichet de prison, y donnaient accès en s'ouvrant sur la rue de la Barillerie, ruelle étroite et sombre alors, réceptacle hideux de turpitudes, de dépravation, de crimes et de misère, dont quelques ignobles recoins de la Cité pourraient à peine, de nos jours, donner une faible et incomplète idée. Louis XVI, à cette époque, fit déblayer les bâtimens qui encombraient la rue et la place; la façade fut rajustée, la cour spacieuse s'étendit derrière une grille remarquable par le goût et la richesse, et un grand et bel escalier conduisit à la galerie par un péristyle au front duquel le monarque, qui venait de proclamer la libre défense des accusés et l'abolition de la question, fit placer les figures de la Justice, de la Prudence et de la Force, comme s'il eût voulu dès lors se placer sous une protection qu'il devait vainement appeler en aide quelques années plus tard.

Un autre escalier, ouvert du côté du quai, conduit plus directement à la salle des Pas-Perdus, imposant préau qui, s'il n'inspire plus cet intérêt puissant qui devait saisir à l'aspect de l'antique salle et de la table de marbre, est encore, par son étendue, par la hardiesse de sa voûte de pierre, et par l'irrégularité même de ses deux nefs semi-barbares, un objet de curiosité et presque d'admiration.

Là aboutissent presque toutes les issues qui conduisent aux divers tribunaux; tout auprès s'ouvre le long couloir au bout duquel siége la Cour de cassation, dont la salle, qui fut, dit-on, la chambre à coucher de saint Louis, vient d'être restaurée récemment, grâce à la sollicitude éclairée de son procureur général, avec un luxe remarquable.

Cette pièce était une salle de cérémonie au temps de Louis XII, qui la fit richement décorer à l'occasion de son mariage avec la sœur de Henri VIII. Plus tard encore, elle fut restaurée par Louis XIV, dont une flatteuse représentation, sculptée en bas-relief sur la cheminée, montrait, il y a peu d'années encore, le grand roi s'appuyant sur la Vérité et la Justice, deux de ses maîtresses les plus négligées.

Depuis l'avénement de Napoléon au trône impérial seulement, cette salle fut consacrée aux audiences de la Cour de cassation ; c'est là qu'aux jours sanglans de 93, avait siégé le tribunal révolutionnaire.

Les tribunaux de police correctionnelle, la Cour d'assises et la Chambre civile n'ont rien qui les distingue des plus modestes tribunaux de province, et le Palais ne se retrouve avec sa physionomie et ses souvenirs, que dans la Sainte-Chapelle et la Conciergerie, ses deux antiques dépendances.

Humblement gouvernée aujourd'hui par un concierge de peu d'importance, la Conciergerie était, sous nos premiers rois, une sorte de gouvernement. Le concierge du Palais-de-Justice était alors chef de la juridiction et portait le titre de bailli ; à ce titre se rattachaient des privilèges immenses, l'inspection immédiate de toutes les prisons de Paris, et de grands revenus fiscaux.

On se ferait difficilement une idée de l'horreur des cachots de la Conciergerie. Le jour ne pénétrait dans ces espèces d'oubliettes que par des soupiraux, et à travers dix rangées de grilles ; dans presque tous, creusés qu'ils étaient au-dessous du niveau de la rivière, les caux, entretenant incessamment leur filtration, formaient une sorte de dépôt vaseux d'où s'exhalaient des émanations putrides. Le préfet de la Seine ordonna, en 1816, la démolition de ces cachots; la prison a maintenant entièrement changé de face, et est devenue aérée et habitable, autant à peu près que le puisse être une maison de détention au centre de la capitale.

Adossée à la Conciergerie, se trouve la Sainte-Chapelle, ce monument historique si curieux et que l'on s'accorde à considérer comme le plus beau témoignage de l'art, tel qu'il existait aux treizième et quatorzième siècles.

L'enceinte de chaque palais renfermait, sous nos premiers rois, une chapelle presque toujours décorée du nom de sainte; Hugues-Capet avait fondé celle-ci sous l'adoration des Mages. Louis IX, qui la trouva debout au sein de sa demeure favorite, ne la jugea pas digne de renfermer, en 1242, les reliques qu'il avait achetées la même année de l'empereur Baudouin, qui, soit dit en passant, montra dans la conclusion du pieux marché une habileté beaucoup plus que diplomatique. Le saint roi fit donc élever à grands frais le nouvel édifice, qui ne se trouva terminé qu'en 1247, et dont la dédicace se fit avec le plus grand appareil.

La tourmente révolutionnaire a dispersé ces précieuses amulettes qui avaient coûté tant d'or et de sang à nos pères, et que l'on avait renfermées dans une grande châsse ; les auteurs en ont, pour notre consolation, conservé le catalogue, qu'il ne sera peut-être pas sans intérêt de reproduire ici.

« La couronne d'épines de notre Seigneur, et quelques gouttes de son sang précieux, dans un grand vase de cristal de roche.

« Une grande portion du bois de la vraie croix.

« Des drapeaux de l'enfance de notre Seigneur Jésus-Christ.

« Du sang sorti miraculeusement d'une image de notre Seigneur, frappée par un infidèle.

« Un anneau de fer de la chaîne dont il fut lié.

« Le linge dont il essuya les pieds aux apôtres le jour de la Cène.

« Une partie de la pierre de son sépulcre;

« Du lait et des cheveux de la sainte Vierge.

« Le fer de la lance dont le côté de notre Seigneur fut percé.

« La robe de pourpre dont on le vêtit.

« Le roseau qu'on lui mit dans la main.

« L'éponge dont on se servit pour lui faire boire le fiel et le vinaigre.

« Une partie enfin du suaire dans lequel il fut enveloppé. »

Outre ces saintes choses, le trésor de la Sainte-Chapelle possédait divers objets précieux, et dont l'origine, pour être moins sacrée, ne laissait pas d'être aussi curieuse et plus authentique.

Tels étaient une croix que les Francs portaient dans les grandes batailles avec l'Oriflamme ; le chef d'or de saint Louis, grand comme nature, et garni de pierres précieuses ; le buste antique de Titus, qui se trouve aujourd'hui au cabinet de la Bibliothèque royale, et que l'on avait alors canonisé pour plus d'édification ; la belle agate onyx, grande de douze pouces, et si connue des antiquaires sous le nom d'Apothéose d'Auguste.

Saint Louis avait payé les reliques de Baudouin un prix dont rien ne saurait donner une idée de nos jours ; la couronne d'épines seule figurait dans le marché pour cent mille écus, somme immense pour le temps.

Quand, après mille formalités, les reliques arrivèrent en France, en 1239, le roi et son frère, le comte d'Artois, suivis d'un cortége immense, se transportèrent jusqu'à Sens pour les recevoir. Là, nu-pieds, vêtus d'un habit de bure, ils les chargèrent sur leurs épaules, pour les porter à la cathédrale. Une semblable cérémonie se renouvela huit jours après, lors de leur entrée à Paris. Après les avoir processionnellement conduites par les rues, le monarque, avant qu'elles fussent déposées dans leurs châsses, commanda par un édit au clergé des différentes églises, des couvens et des communautés, d'apporter à la Sainte-Chapelle toutes les reliques qu'ils pouvaient avoir en leur possession, pour rendre hommage à la sainte couronne. Tous obéirent, et prélats, abbés, prêtres, abbesses et nonnes même, dans leurs plus somptueux habits, se présentèrent avec leurs châsses.

L'abbé et les moines de Saint-Denis se dispensèrent seuls d'apporter leurs reliques, et le roi ne parut pas médiocrement irrité lorsqu'ils lui dirent pour excuse *que leur Chapitre seul possédait la véritable et authentique couronne.*

De cette époque, la Sainte-Chapelle fut l'église de France la plus révérée, et telle devint bientôt la vénération du peuple de Paris pour les divines reliques, qu'au seizième siècle, le vol d'un morceau de la vraie croix faillit produire une révolution, ou du moins une vive émeute. Heureusement, il se trouva que le larron était le roi Henri III lui-même, qui avait engagé aux Vénitiens la sainte relique pour une somme considérable. C'était aux Vénitiens, du reste, que l'acquisition avait été jadis payée par Louis IX. Henri pouvait penser en toute conscience que ce n'était qu'un prêté pour un rendu, un véritable jeu, d'usuriers bigots à roi philosophe.

Ce monument est bien déchu aujourd'hui de son antique magnificence; on va s'occuper activement, assure-t-on, de le débarrasser des montagnes de paperasses qui l'encombrent, et de le mettre en état de recevoir des visites dont il est digne sous tant de rapports; car tel qu'il est aujourd'hui, dépouillé, méconnu, prostitué au plus banal emmagasinage, il demeure encore un des plus beaux édifices de notre riche capitale, et sa voûte hardie, ses fenêtres peintes, ses sculptures de chêne, la légèreté, l'élégance de son style arabe, provoquent l'admiration et les regrets des nombreux amis du style élégant de la renaissance, qui le visitent avec respect.

De cette gothique enceinte, où tant de souvenirs se pressent en se heurtant, on monte par les escaliers escarpés et tortueux des tourelles jusqu'aux étages supérieurs, et l'on parvient, par des passages mystérieux et coupés dans les murs, jusqu'au précieux dépôt des archives judiciaires. Les trois longues galeries de ce dépôt s'étendent au-dessus de la salle des Pas-Perdus; car, par une étrange anomalie, cette salle, sous les pieds de laquelle s'ouvrent les sombres cachots où se répandit à flots le sang des massacres de septembre, porte au front, comme une couronne justificative et accusatrice à la fois, ces tristes et sanglantes archives, effrayant monument des luttes de l'humanité.

Si le chemin qui conduit dans ce sanctuaire

des souvenirs a quelque chose d'effrayant, la grandeur, le silence de cet imposant assemblage des muets témoins de tous les égaremens et de tous les crimes, est peu propre à détruire l'impression sous laquelle on est entré dans ces sombres lieux.

Les archives se composent principalement d'une immense collection de registres, classés et disposés dans un ordre admirable. Un temps incalculable, une patience et un discernement à toute épreuve ont dû présider à ce travail surhumain.

Chaque dossier, chaque rouleau, est accompagné d'une étiquette formidable, dont le laconisme, résume par une date et un nom, quelqu'un de ces forfaits dont le souvenir émeut ou frappe : le premier qui s'offre aux regards dès l'entrée, est la copie du jugement de Jean Chatel (1594). Le récit de la mort de ce faible enfant, que les jésuites avaient poussé à l'acte d'une sanguinaire folie, s'y trouve détaillé avec ses hideux raffinemens. Non loin se trouvent les procès de Ravaillac et de Damiens, mêmes moteurs, mêmes crimes, mêmes résultats !

Tout auprès des documens du procès de Damiens est une vieille boîte de bois peinte en vert, et contenant son habit, c'est-à-dire le vêtement qu'il portait lorsqu'il subit son affreux supplice sur la place de l'Hôtel-de-Ville. Le procès de l'infortuné Calas est aussi conservé dans les archives, et tout auprès se trouvent les instructions contre Cartouche et Mandrin. Quel rapprochement!

Une partie peu connue des archives, et c'est la plus intéressante peut-être, contient les procès criminels de la révolution. Beaucoup ont été enlevés; l'intérêt et le respect des familles condamnent le reste à l'oubli, et c'est grand dommage pour l'histoire.

Des archives aux combles du palais, il n'y a que quelques degrés à gravir. De là, on découvre cet immense panorama de Paris, qui, pour l'intérêt matériel et moral, a si peu de rivaux.

C'est ce monument que nous avons tenté de faire connaître sous ses différens aspects en nous appliquant à choisir pour exemple des coutumes, des variations, des mœurs et des singularités judiciaires, ces grands drames moraux dont la péripétie s'agite si souvent dans son enceinte, et dont les plus saillans héros avaient trop souvent enseveli leur funeste ou héroïque célébrité dans les poudreuses archives où nous avons été troubler leur sommeil de mort, pour les offrir en utiles exemples, en frappantes et terribles leçons.

III

MEURTRE DE MONSEIGNEUR LE DUC D'ORLÉANS.

(1407.)

Le dimanche 20 novembre 1407, le duc de Berri mena ses deux neveux, les ducs d'Orléans et de Bourgogne, entendre la messe à l'église des Augustins : les courtisans dès long-temps les avaient aigris l'un contre l'autre, mais ils venaient de promettre de mettre leurs discords en oubli, et ce jour-là, pour mieux attester leur sainte réconciliation, ils communièrent ensemble. Le mardi, le duc de Berri leur donna un grand dîner, où ils s'embrassèrent devant les princes, se jurèrent amitié, et burent à leur réconciliation; le duc d'Orléans convia même le duc de Bourgogne à dîner chez lui le dimanche suivant.

La reine venait d'accoucher récemment d'un fils qui n'avait pas vécu. Elle gardait encore le lit, et logeait en un petit hôtel qu'elle avait acheté du sire de Montaigu, dans la vieille rue du Temple, près la porte Barbette. Le duc d'Orléans lui faisait des visites assidues, tâchant de la distraire du chagrin que lui avait causé une couche si malheureuse. Le mercredi, 23 novembre, il y soupait, et le repas s'était prolongé gaiement, lorsqu'un valet de chambre du roi, nommé Scas de Courte-Heuse, se présenta de la part du roi : « Monseigneur, dit-il, le roi vous mande pour que vous veniez vers lui sans délai. Il a hâte de vous parler pour chose qui touche grandement à vous et à lui. »

Incontinent, le duc se fit amener sa mule. Bien qu'il eût alors six cents hommes armés dans Paris, ce soir-là il n'était accompagné, pour toute suite, que de deux écuyers mon-

à notredit cousin, ou autrement, pouvions avoir contre lui, à l'occasion des choses susdites, et voulons qu'icelui cousin soit et demeure en notre singulière amour, comme il était auparavant ; et, en outre, de notre science certaine, voulons et nous plaît par ces présentes que notredit cousin de Bourgogne, ses héritiers et successeurs soient et demeurent paisibles envers nous et nos successeurs, quant audit fait et ce qui s'en est suivi, sans que par nous, nosdits successeurs, nos gens et officiers, ou les gens et officiers de nos successeurs, aucun empêchement pour cause de ce pût leur être donné maintenant ni au temps à venir. »

Le roi, dont le sens était affaibli, même hors de ses accès, signa ces lettres, et fit au duc un accueil affable et bienveillant.

— Prenez, mon cousin, dit-il cependant en lui remettant les lettres, prenez, et songez que je puis abolir la peine, mais non le ressentiment ; c'est à vous de vous garder d'un péril plus proche peut-être que vous ne croyez.

— Je baise les mains de votre majesté,

sire, répondit fièrement le duc, mais quant à craindre, soyez assuré que je n'ai crainte d'aucun homme vivant, tant que je serai en la grâce du roi.

L'événement bientôt prouva que l'avis du roi était sage, et que l'outrecuidance du duc ne devait pas échapper toujours au châtiment qu'il bravait de son nom de Sans-Peur.

IV

LE DUC D'ALENÇON.

(1458).

L'histoire de notre monarchie présente à l'étude et à la curiosité de quiconque en veut fouiller les annales, un grand nombre de procès criminels intentés contre les personnages les plus élevés ; mais c'est sous Charles VII, en 1458, que, pour la première fois, on y voit un prince du sang jugé avec tout l'appareil de la justice.

Charles se trouvait parvenu, à cette époque, à l'apogée de sa puissance : aux fatigues guerrières, aux incessantes inquiétudes où s'étaient consumées les premières années de son règne, succédaient un glorieux repos et un calme achetés par trente-six années de luttes et de perturbations. L'Angleterre ne devait plus lui donner d'ombrage, déchirée qu'elle était par la guerre civile qui précipita plus tard du trône Henri VI, ce roi doublement couronné à Londres et à Paris ; le Danemarck, Gênes venaient de se mettre sous sa protection, et tout semblait lui présager enfin des derniers jours glorieux et tranquilles, lorsque la trahison du duc d'Alençon vint mettre de nouveau en péril cette prospérité acquise au prix de tant de sang, de persévérance et de travaux.

L'orgueil blessé, l'ambition et la jalousie causèrent la perte du duc d'Alençon. Ses services, mal récompensés à son gré, le gouvernement remis aux mains du duc du Maine, lui inspirèrent un projet de vengeance, plutôt que de trahison, dont la perfidie d'un de ses complices, le prêtre Thomas Gillet, qu'il avait chargé d'échanger sa correspondance avec les Anglais, fit tomber les témoignages accablans entre les mains du roi Charles VII. Dans cette correspondance, la preuve se trouvait que le duc avait été un des principaux auteurs de la révolte de Guienne, qu'il pressait les Anglais d'en tenter l'invasion pendant que la soumission du peuple n'était pas encore bien affermie, et que son désir de voir se hâter l'invasion était tel, qu'il allait jusqu'à les traiter de lâches s'ils ne profitaient avec célérité de l'occasion. Une proposition d'alliance entre sa fille et le fils aîné du duc d'Yorck, avait en outre été par lui acceptée; il avait promis de se déclarer ouvertement contre le roi, de livrer aux Anglais les places qu'il possédait en Normandie, avec toutes leurs munitions, de lever des troupes pour eux et de les guider dans leur marche. Pour prix de sa trahison, le duc demandait, au choix du roi d'Angleterre, un des trois duchés de Bedfort, de Glocester ou de Clarence, les seigneuries du comté du Maine, 24,000 écus de pension annuelle et 50,000 écus d'entrée en campagne, dont 25,000 lui seraient payés d'avance.

Déjà les troupes, pour l'expédition, étaient

levées, et l'argent prêt, lorsque la mort du duc d'Yorck fit ajourner à quelques mois le projet que le monarque anglais ne mettait au reste à exécution qu'à contre-cœur, en quelque sorte, et sur les pressantes instances du duc, ainsi que le prouva sa réponse à un de ses envoyés. Sur sa demande : quel était Charles de France? Celui-ci n'avait pu s'empêcher d'en faire un portrait avantageux.

— Je m'étonne, dit alors le monarque anglais, comment les princes de France ont si grande volonté de lui faire du déplaisir ! Au surplus, ajouta-t-il avec un soupir, autant m'en font ceux de mon pays.

Charles VII se trouvait en Bourbonnais quand Thomas Gillet lui remit les preuves de la trahison du duc.

— A qui me fierai-je désormais? s'écria-t-il, surpris également et affligé de cette nouvelle, si ceux de mon sang me trahissent? Puis, hâté de porter remède à une entreprise qui le menaçait, il chargea le comte de Longueville-Brézé, grand sénéchal de Normandie, boursier-général des finances, Cousinot, bailli de Rouen, et Odet d'Aidie, de s'assurer du coupable, qui se trouvait alors à Paris.

Le comte de Longueville se rendit en hâte à Paris et donna avis au prévôt de Paris des ordres qu'il avait reçus, en lui commandant de cerner étroitement l'hôtel d'Alençon, tandis qu'il s'y rendrait lui-même, sous prétexte de visiter le duc. Il l'alla trouver en effet, seul, le visage riant, sans suite, et une conversation vive et gaie était déjà entamée entre eux, lorsque, jugeant que le prévôt avait eu le temps nécessaire pour disposer ses gens :

— Monseigneur, lui dit-il d'une voix sévère, pardonnez-le-moi, le roi m'a envoyé devers vous et m'a donné charge de vous faire son prisonnier, je ne sais proprement les causes pourquoi ; et, lui mettant alors la main sur l'épaule, il ajouta : Et, pour lui obéir, je vous fais prisonnier.

Terrassé de ce coup imprévu, le duc n'eut pas même la force de répliquer, et Longueville, profitant rapidement de ce premier mouvement de stupeur, lui fit descendre le perron de son hôtel, devant lequel le bailli de Vermandois l'attendait à la tête d'une compagnie d'archers. Le même jour, il était transporté à Melun, d'où on le conduisit à Montargis où se trouvait le roi.

Dès lors on travailla à l'instruction préliminaire de son procès. Charles, à cet effet, commit un maître des requêtes, deux conseillers de la Cour et le lieutenant civil, pour l'interroger dans sa prison ; mais il refusa de répondre, déclarant qu'en sa qualité de prince du sang et de pair du royaume, il ne pouvait se soumettre à d'autres juges que la Cour des pairs.

Cependant la longue anarchie dans laquelle avait été enseveli l'Etat pendant si long-temps, avait fait perdre de vue toutes les anciennes constitutions, et grand était l'embarras de Charles et de ses conseillers pour décider des formalités à observer pour procéder criminellement contre un pair, prince du sang royal.

Jean Tudert, maître des requêtes de l'hôtel, fut chargé d'écrire au Parlement et de lui soumettre diverses questions à ce sujet. Ce fut d'après la réponse qu'on régla les convocations et les séances, en prenant pour modèle de la forme de la procédure, le procès fait au comte d'Artois, sous Philippe de Valois (en 1318). Le roi, par lettres-patentes, ordonna donc que « le lit de justice se tiendrait à Montargis jusqu'à la perfection du procès, et les pairs et princes du sang tenant pairie furent ajournés suivant l'ancien usage (1). »

Le duc persistait à refuser de répondre, déclarant toutefois être innocent de tout ce que la méchanceté lui imputait ; l'assemblée se réunit donc, composée ainsi, au rapport des pièces de la procédure :

« Le roi était sur son trône, ayant à ses pieds le comte de Dunois, comme grand-chambellan ; Charles, duc de Berri, second fils du roi ; les ducs d'Orléans et de Bourbon, les comtes d'Angoulême, du Maine, d'Eu, de Foix, de Vendôme, de Laval occupaient le haut du banc, à la droite du monarque. Dessous iceux bancs, du même côté, les trois présidens, le grand-maître de France, l'amiral, le grand-prieur, le marquis de Saluces, quatre maîtres des requêtes, le bailli de Senlis, deux conseillers du roi et trente-quatre seigneurs en Parlement. A main gauche, au pied du trône, était le chancelier, et sur le haut du banc, du même côté, les six pairs ecclésiastiques, quatre autres évê-

---

(1) Une maladie épidémique ravageant les environs de Montargis, le lieu de l'assemblée fut changé et fixé à Vendôme.

ques et l'abbé de Saint-Denis. Sur les autres bancs, le seigneur de la Tour d'Auvergne, de Torcy, de Vauvert, de Prie, de Présigny; les baillis de Touraine et de Rouen, les trésoriers, le prévôt des marchands et trente-quatre conseillers de la Cour du Parlement. Sur un banc séparé; les deux avocats-généraux et le procureur-général, et sur trois petits bancs étaient placés cinq greffiers. » Le duc de Bourgogne ne vint pas au lit de justice, soit qu'il dédaignât de prendre rang entre les vassaux, soit qu'il eût eu connaissance des menées du duc; et lorsque le roi le somma d'y paraître, il prépara une si forte escorte, qu'on se hâta de le dispenser du voyage.

Le duc d'Alençon parut au milieu de la salle sur une basse escabelle; ce fut dans cette humiliante situation qu'il essuya ses interrogatoires et entendit la lecture des dépositions des témoins. Il prit ensuite la parole, et, après avoir discuté les preuves dont s'armait l'accusation contre lui :

« Il y en a, dit-il, de deux sortes : l'une de témoins, l'autre d'écritures. Les témoins sont gens de néant et valets; ils n'ont pas l'effronterie de paraître devant moi, mais quand ils comparaîtraient, la foi de tous ces gens-là est-elle comparable à la mienne, et ma simple dénégation n'aurait-elle pas plus de poids que tous leurs sermens? Quant aux lettres, elles viennent des mêmes gens et ne méritent pas plus de créance. Elles ne sont pas de mon écriture, ni signées de ma main, ni scellées de mon sceau... »

S'adressant alors au roi, il lui adressa, au milieu de la profonde émotion de l'assemblée tout entière, les mots suivans :

« Et vous, mon roi et souverain juge, voyez en quel état m'ont réduit les ennemis de votre bonté et de mon innocence! Je réponds ici, sur la sellette, sans ceinture militaire et sans épée. Ah! ce n'est pas en cet état que j'ai tant de fois combattu pour Votre Majesté. Ce n'est pas en cet état que j'ai traversé deux fois les bataillons ennemis à la journée de Verneuil. Et véritablement, quand je me vois ainsi dépouillé de gloire, il me souvient de la captivité que je subis ensuite pour le même sujet. Mais j'en sortis glorieux et considéré de Votre Majesté. Elle m'honora du commandement de ses armées, bien que j'eusse à peine l'âge de vingt ans. Il lui plut de prendre l'ordre de chevalerie de ma main avant que de se faire sacrer. J'aidai à lui poser la couronne sur la tête ! »

L'impression que produisit cette éloquente allocution fut vive et profonde, mais les preuves étaient trop accablantes; le duc le reconnut bientôt lui-même, et lorsque l'avocat-général en eut démontré l'authenticité, il avoua son crime et se réduisit à en demander pardon en considération de ses services. Les procureurs du duc de Bourgogne, et surtout Jean Lorfèvre, président de Luxembourg, tentèrent de fléchir le monarque en faveur du duc. Juvenel des Ursins, chancelier de France, et le duc d'Orléans lui-même, portèrent tour à tour la parole, l'un au nom des pairs ecclésiastiques, l'autre comme représentant des princes du sang, et réclamèrent également la clémence du prince. Le connétable de Richemont, venu exprès à Vendôme pour solliciter en faveur du prince, se joignit à eux; Charles se contenta de répondre par l'organe de l'évêque de Coutance : « Qu'il fallait d'abord que la justice eût son cours; qu'il se conduirait suivant les avis des princes et de son conseil, et ferait tant que tout le monde serait content. »

L'accusation entraînait peine de la vie ; le roi décida que les clercs et prêtres qui étaient au nombre des juges s'abstiendraient ; les pairs ecclésiastiques cependant assistèrent au jugement, mais sans pouvoir émettre leur avis.

C'était le 10 octobre 1458 ; tout était terminé, et Guillaume Juvénel des Ursins, chancelier, prononça l'arrêt qui déclarait : « Jean II, duc d'Alençon, surnommé *le Beau*, criminel du crime de lèse-majesté, et, comme tel, privé d'honneur et de la dignité de pair de France, condamné à recevoir la mort, et à être exécuté par justice et ses biens confisqués ; l'exécution toutefois différée jusqu'au bon plaisir du roi ; ses biens cependant, excepté le duché d'Alençon, seront restitués à sa femme et à ses enfans en faveur des services de ses ancêtres. »

Charles avait tenu la Cour en suspens jusqu'après le prononcé de l'arrêt ; il déclara alors faire grâce de la vie au coupable, qu'il fit, dès le lendemain, transporter à la citadelle de Loches pour y être retenu toute la vie.

La mort de Charles VII et l'avénement au trône de Louis XI, son ancien complice, rendirent en 1461 le duc d'Alençon à la liberté. Treize ans plus tard il devait être de nouveau condamné à mort par suite de ses coupables intelligences avec le duc de Bourgogne, Charles-le-Téméraire. Cette seconde condamnation, commuée en un emprisonnement indéfini au Louvre, retint le duc en prison durant dix-sept mois; rendu encore à la liberté en 1475, il mourut l'année suivante au moment où il renouait encore d'hostiles projets contre le trône, dont il jalousait la prospérité, après avoir concouru à l'affermir.

V

PROCÈS DU COMTE DE SAINT-POL.

(1535)

La maison de Luxembourg, après avoir anciennement possédé les royaumes de Hongrie et de Bohême et donné des empereurs à l'Allemagne, était devenue tout-à-fait française, et semblait à jamais attachée au trône dont elle occupait les premiers degrés, lorsqu'au quinzième siècle elle se montra tout à coup dévouée à la double ambition de l'Angleterre et du duché de Bourgogne dans les guerres désastreuses qui désolèrent la France et mirent à deux doigts de sa perte la fortune des Capétiens.

Louis de Luxembourg, comte de Saint-Pol, se fit surtout remarquer par son dévouement à cette cause, qu'il devait payer de son sang après l'avoir servie de son bras. Né en 1418, il avait été élevé par son oncle de Ligni, gouverneur de Paris, qui, dans la campagne du Laonnois, voulut qu'une partie des prisonniers fût tuée de la main de son neveu, lequel, suivant Monstrelet, y prit grand plaisir. En 1435, l'oncle et le neveu se trouvèrent à l'assemblée d'Arras, où, par attachement pour l'Angleterre, tous deux refusèrent de signer le traité conclu entre Charles VII et la Bourgogne.

Dès lors le comte de Saint-Pol se constitua en une sorte d'état de rebellion, dont l'enlèvement des pièces d'artillerie que le roi faisait emmener de Tournay à Paris fut un des moins graves épisodes. Ordre fut donné par le roi d'entrer sur ses terres et d'y porter la vengeance et la dévastation. L'intercession de la comtesse sa mère obtint de Charles son pardon, à la condition par lui de venir faire à Paris hommage de fidélité, et de céder la place de Marle. Le jeune comte se rendit alors à la cour, et la réception qui lui fut faite fut si bienveillante, qu'il sembla dès ce moment rompre tous ses engagemens avec l'Angleterre.

Une étroite amitié se forma en effet entre Luxembourg-Saint-Pol et le dauphin; ils marchèrent ensemble contre les Anglais, et se distinguèrent tous deux au siége de Dieppe, où de sa propre main le dauphin l'arma chevalier. Placé par l'amitié de celui qui devait bientôt devenir son roi, à la tête d'un corps d'armée, le comte de Saint-Pol s'empara de diverses places en Flandre et en Normandie, concourut à la prise de Rouen, à celles de Caen et d'Harfleur, et donna de nombreuses preuves de son dévouement à la couronne.

Cependant il conservait encore des intelligences et des liaisons avec la maison de Bourgogne. On le voit, en 1452, marcher sous ses drapeaux contre les Gantois révoltés; le dauphin, devenu Louis XI, fait de vains efforts pour l'en détacher, et dans *la guerre du bien public* il commande l'avant-garde du comte de Charolais à la bataille de Montlhéry.

Mais Louis XI, appréciant sa haute capacité militaire, avait résolu de lui faire quitter, à tout prix, le parti du duc de Bourgogne : par le traité de Conflans, il lui octroya le titre et le rang de connétable de France; bientôt il lui fit épouser Marie de Savoie, sœur de la reine, et lui donna le comté de Guine et la seigneurie de Novion. Mais tant de faveurs étaient inutiles, l'ambitieux Saint-Pol se trouvait à l'étroit dans le second rang, et tout lui semblait bon, intrigues, violences, fourberies, pour reconquérir à son nom l'ancien éclat que lui avaient donné ses ancêtres; aussi toute sa politique sembla-t-elle consister dès lors à flotter indécis entre les deux souverains ennemis, et à se faire le pivot de toutes les intrigues de l'époque.

Beau-frère du roi, premier officier de la couronne, oncle de la reine d'Angleterre, père de plusieurs enfans renommés déjà par leur courage, Saint-Pol semblait alors au faîte de la puissance et de la faveur; mais croyant toujours avoir plus à perdre qu'à gagner dans la paix, il attisait sans repos le feu de la discorde entre Charles-le-Téméraire et Louis. Ces deux princes s'aperçurent enfin de la double ruse à l'aide de laquelle il les trompait l'un et l'autre; par une convention entre leurs ambassadeurs conclue à Bouvines, il fut arrêté qu'il serait déclaré ennemi commun, et que le premier des deux souverains qui parviendrait à s'emparer de sa personne, le ferait périr sous huit jours.

Il fit tous ses efforts alors pour attirer en France les Anglais, à qui il promit de livrer Saint-Quentin et les places qu'il occupait sur la Somme. Mais Louis, à force d'adresse et d'activité, sut mettre des obstacles à tout traité, et parvint, par ses négociations avec Edouard, à réduire le connétable à ses propres forces. Une nouvelle convention intervenait en même temps entre lui et le duc de Bourgogne, qui s'engageait à livrer Saint-Pol au roi, moyennant l'abandon de Saint-Quentin, d'Amiens et des autres places sur la Somme, car telle était la peur que le connétable inspirait à son roi, qu'il ne croyait pas payer trop cher sa vie, au prix de si considérables sacrifices.

Une trêve cependant avait été conclue entre

la France et l'Angleterre ; Saint-Pol en avait appris la nouvelle avec effroi ; et, dans son premier mouvement de fureur, il n'avait pas craint d'écrire à Edouard, pour lui reprocher sa faiblesse, en l'appelant « pauvre sire, lâche et homme déshonoré ; » en même temps il adressait des complimens au roi de France sur la trêve, le conjurant de mettre à une nouvelle épreuve sa fidélité, et promettant d'attaquer les Anglais avec le duc de Bourgogne, qu'il se faisait fort de décider facilement à ce revirement de politique militaire. Ce fut alors que Louis XI lui répondit avec cet esprit de cruelle et sanguinaire ironie, qui fut un des plus inexplicables traits de son caractère : « Je suis accablé de tant d'affaires, que j'ai besoin d'une bonne tête comme la vôtre. »

Il lui fallait la tête de Saint-Pol, en effet ; et pour être sûr de l'obtenir, il s'empressa de faire part à Edouard des offres du connétable, et parvint à exciter à ce point la colère et l'indignation du monarque anglais, que celui-ci remit à son tour entre ses mains les lettres qu'il avait reçues du cauteleux et trop imprudent politique.

Saint-Pol reconnut alors le danger de sa position : il hésita sur le choix du moyen de s'y soustraire, et ne prit en dernier recours le parti de se réfugier dans les états du duc de Bourgogne, qu'au moment où Louis se présentait pour l'assiéger sous les murs de sa ville de Saint-Quentin, trop faibles pour le mettre à l'abri de la vengeance d'un maître offensé.

Charles-le-Téméraire était son parent, son ami, il le croyait incapable de le livrer à l'implacable Louis XI. Trop tard il reconnut qu'il s'était mépris, et l'accueil du duc lui prouva qu'il n'est pas de sécurité pour un traître, et qu'on ne doit pas même de pitié à celui qui de tout temps s'est fait un jeu de fausser sa foi.

L'amiral de Bourbon et le seigneur de Saint-Pierre l'attendaient en effet à la frontière, avant même qu'il se fût livré aux mains du duc. Il leur fut remis par ses soins, et le grave et morne cortége dont il se vit environné dès ce moment ne lui présagea que trop quel devait être son funeste sort. Arrivé à Paris, il fut directement conduit à la forteresse de la Bastille. Le chancelier d'Oriole, le premier président Boulanger, le gouverneur de Paris Gaucourt, plusieurs présidens, conseillers et maîtres des requêtes s'y étaient rendus déjà par ordre du roi, et l'attendaient, ainsi que les procureurs et avocats généraux.

A peine descendu de voiture, l'amiral de Bourbon dit à cette imposante assemblée, en s'efforçant de modérer la vive émotion que trahissaient à la fois son maintien et la faiblesse de sa parole :

— Je vous remets, messieurs, Louis de Luxembourg, comte de Saint-Pol, connétable de France, pour, par la cour, être procédé à son procès, touchant les charges et accusations qu'on dit être contre lui, et en faire tout ainsi que selon Dieu, raison, justice et vos consciences, aviserez à faire.

Le chancelier, après avoir pris les avis, répondit :

— Puisque le plaisir du roi est de remettre le comte de Saint-Pol, son connétable, entre les mains de la Cour, qui est justice souveraine et capitale du royaume, elle verra les charges qui sont contre lui, et, lui interrogé, en ordonnera ainsi qu'elle verra être à faire par raison.

Chacun se retira alors, et le comte, dont l'abattement démentait en ce moment la réputation mâle de courage, demeura sous la garde de Saint-Pierre. Les Parisiens, à cette occasion, firent, au rapport de Monstrelet, ce mauvais jeu de mots : « Il y a guerre au Paradis, à ce qu'il paraît, puisque saint Paul a été enchaîné par saint Pierre.

Le lendemain, conformément aux ordres du roi et aux délibérations du Parlement, le chancelier, le second président, le gouverneur de Paris et plusieurs conseillers, s'étant rendus à la Bastille, proposèrent au connétable de choisir, pour son affaire, entre deux manières de procéder qu'elle comportait également : la première, d'écrire lui-même sa confession au roi, et d'attendre sa décision ; la seconde, de subir les interrogatoires et de répondre juridiquement sur tous les faits qui lui étaient imputés. Après avoir réfléchi un moment, le connétable répondit « qu'il aimait mieux être interrogé selon la forme et manière de procéder en justice. »

Il ignorait encore que le duc de Bourgogne

et le roi d'Angleterre eussent remis entre les mains de Louis les lettres qui fournissaient contre lui de si puissans témoignages : dès qu'il se vit accablé par la preuve signée de sa propre écriture, il chercha à fléchir le roi et à mériter sa miséricorde en lui révélant un complot formé contre sa vie par le duc de Bourgogne et le chevalier Hector de l'Ecluse : cette tardive déclaration ne put apaiser le monarque; les interrogatoires furent continués, et lorsqu'on eut rassemblé toutes les pièces du procès, on chargea Blosset, seigneur de Saint-Pierre, d'amener l'accusé à la Chambre du Conseil, où son arrêt devait lui être prononcé.

Saint-Pierre entra de grand matin dans la chambre du prisonnier, et lui dit, le trouvant au lit :

— Monseigneur, que faites-vous? dormez-vous?

— Nenni, répliqua le connétable; long-temps il y a que n'ai dormi, mais suis ici où me voyez, pensant et fantaisiant.

Saint-Pierre alors ajouta :

— Monseigneur, il faut vous lever et venir

ès-chambres du Parlement, le prévôt de Paris vous attend à la porte.

A cette nouvelle le connétable se dressa sur son séant avec effroi. Il avait trouvé dans son infortune un homme sensible à ses malheurs; c'était l'Huilier, capitaine de la Bastille.

— Je ne crains pas la mort, Dieu m'en est témoin, dit-il avec un soupir, mais je crains de me voir entre les mains de Destouville, le prévôt de Paris. Qui sait si ce peuple qui me croit l'auteur des funestes guerres de l'an passé, ne s'emportera pas contre moi en violences et en insultes?

Cette crainte, basée surtout sur la haine que lui portait Destouville, était mal fondée, en ce qui concernait le peuple du moins : heureux et puissant, le connétable avait été chansonné et tourné en ridicule; dans son malheur, il ne trouva que de l'intérêt et des larmes; et la trahison qui l'avait mis entre les mains de Louis, sa naissance, ses talens, ses anciens services, tout, jusqu'à la forme de la procédure qu'on trouva étrange vis-à-vis d'un premier officier de la couronne, fit céder en sa faveur la haine à la pitié, presque à la sympathie, chez ce populaire dont il avait causé depuis deux années tous les malheurs.

Mais le connétable était jugé par les lois, et l'esprit de révolte était devenu fréquent et audacieux à ce point qu'il ne lui était pas permis de s'abuser lui-même sur son sort. Arrivé aux degrés du Palais, il y fut reçu par le gouverneur de Paris et le prévôt des marchands, qui le conduisirent à la Chambre criminelle. Là, après l'avoir fait asseoir sur la sellette placée au pied de l'hémicycle de la Cour :

— Monseigneur de Saint-Pol, lui dit le chancelier, vous avez été par ci-devant et jusqu'à présent réputé le plus sage et le plus constant chevalier de ce royaume, et puis donc que tel vous avez été jusqu'à maintenant, il est encore mieux requis que jamais vous ayez meilleure constance que oncques vous n'eûtes.

Ensuite, on lui demanda son cordon de Saint-Michel et son épée de connétable; il pria Saint-Pierre, qui ne l'avait pas quitté, de l'aider à détacher le collier, qu'il baisa avant de le remettre au chancelier; quant à l'épée, il dit qu'on la lui avait enlevée lorsque les Bourguignons l'avaient livré aux commissaires du roi. Alors, on lui fit lecture de l'arrêt, et, sans pâlir, sans qu'aucun trouble manifestât la douleur qui le devait agiter, il s'entendit déclarer « criminel du crime de lèse-majesté, et, comme tel, condamné à perdre la tête sur un échafaud, sur la place et en face de l'Hôtel-de-Ville.

La lecture ouïe, le connétable leva les yeux au ciel, et dit avec un profond accent de résignation :

— Dieu soit loué! voici bien dure sentence; je le supplie et requiers qu'il me donne la grâce de le connaître aujourd'hui.

Ensuite, regardant tristement Saint-Pierre :

— Ce n'est pas là, dit-il d'un ton doux et qui annonçait cependant le reproche, ce n'est pas là ce que vous m'aviez toujours assuré!

Quatre docteurs en théologie, deux curés et deux moines mendians des Augustins et des Cordeliers l'attendaient dans sa prison au sortir de la Chambre criminelle; ils l'accompagnèrent au lieu du supplice. Avant de monter sur l'échafaud, il dit à ses confesseurs, dont il avait écouté les exhortations avec plus de résignation que de sympathie, qu'il avait caché dans son pourpoint soixante-dix demiécus d'or, et remit au cordelier le soin de distribuer cette somme aux pauvres. Le religieux lui représenta qu'elle serait mieux employée à la substance des novices de son couvent; le moine Augustin, de son côté, la revendiqua pour les pauvres frères de sa maison. Déjà tous deux élevaient la voix, lorsque, pour apaiser la dispute, dont le peuple commençait à s'émouvoir, le connétable ôtant son pourpoint le leur remit, en leur disant de se partager la somme, à condition que chacun ferait de sa moitié l'emploi qu'il croirait le plus méritoire.

Il monta d'un pas ferme sur l'échafaud, se jeta à genoux, et recommanda vivement à Saint-Pierre et au chancelier d'Oriole de demander pour lui pardon et oubli complet au roi. Au même moment il reçut le coup de la mort, et son corps fut aussitôt transporté dans l'église des Cordeliers, où l'attendaient de modestes funérailles.

Ainsi périt Saint-Pol, le 19 décembre 1575 : « C'était, dit Duclos, un grand capitaine, plus ambitieux que politique, et digne de sa fin tragique par son ingratitude et sa perfidie. » Louis XI céda, comme il en était convenu, au duc de Bourgogne, la plus riche partie de la dépouille de l'infortuné connétable. Il n'eut pour son lot que les terres situées en France, partage inégal dont il ne put s'empêcher d'exprimer ses regrets, en disant, avec cette cruelle bizarrerie d'expression qui lui était familière : « Nous avons fait avec le duc de Bourgogne la chasse au renard; mais lui, il a emporté la fourrure qui est précieuse, et ne m'a laissé que la chair, qui n'est bonne à rien. »

VI

PROCÈS DU MARÉCHAL DE GIÉ (PIERRE DE ROHAN).

(1505.)

Le 9 février 1505, un mouvement inusité se manifestait dans Paris dès avant l'aube; des hommes d'armes traversaient par petites troupes les rues sombres et silencieuses; les écoliers couraient s'éveiller au domicile les uns des autres; les magistrats, si graves et compassés d'ordinaire, hâtaient le pas digne et régulier de leurs mules en se dirigeant vers le Palais ; les marchands s'interrogeaient entre eux avec émoi, en ouvrant leurs boutiques et leurs magasins ; tout enfin à la fois attestait, même dans les quartiers les plus reculés de la ville, que quelque événement singulier, quelque cérémonie extraordinaire se préparait pour la journée.

Mais c'était dans la Cité surtout que le mouvement et l'encombre allaient au-delà de tout ce que l'imagination se figure. Les alentours du Palais, les rues, les maisons, la Grève, les ponts, étaient envahis par une foule compacte et tumultueuse. A grand'peine les avocats, les officiers de la Cour, et messieurs même du Parlement, pouvaient parvenir à se frayer un étroit passage jusqu'au guichet confié pour cette fois aux gardes de la Conciergerie; et à voir l'action, l'ardeur, l'intérêt agité de ce populaire, on eût cru que, de ce qui se passerait dans la sombre enceinte du Palais, allait dépendre en ce jour sa destinée et son avenir.

L'attente du jugement du maréchal de Gié (Pierre de Rohan), causait seule toute cette rumeur. Depuis deux ans, à la vérité, le procès de ce favori des trois derniers rois n'avait pas cessé de tenir inquiète et excitée l'attention de la France entière. La cour, la ville, la bourgeoisie, l'armée, le peuple, s'étaient diversement prononcés pour le maréchal ou la reine, dans l'accusation que celle-ci n'avait pas craint de soulever et de poursuivre.

Après tant de délais enfin, tant de récriminations et de remises, l'arrêt allait être prononcé, qui déciderait si Anne de Bretagne avait calomnié le plus dévoué comme le plus brave des serviteurs de Louis XII, ou si une vie toute d'honneur et de loyauté, s'était ternie à la veille de se clore, par un crime de basse et lâche trahison.

A midi seulement les portes de la grand'salle devaient s'ouvrir, pour le jugement qui avait été rendu par le Parlement de Toulouse, être lu et prononcé sur l'antique table de marbre. Jusqu'à ce moment si impatiemment attendu, les longs et bizarres détails du procès pouvaient-ils manquer de fournir un intarissable aliment aux controverses de la foule? Les uns ne voyaient dans l'accusation qu'une odieuse vengeance de la reine, dont le maréchal avait déjoué les projets de déprédation et de fuite, en arrêtant ses bateaux sur la Loire, lorsque, deux ans avant, le roi s'était trouvé à Lyon *en danger de mort*. D'autres, innocentant la reine, regardaient comme l'instigateur secret de cette accusation, contre le rival qu'il redoutait le plus dans le conseil du roi, le cardinal-légat, Georges d'Amboise, qu'ils désignaient ironiquement sous le nom de *Monseigneur de Rohan*, faisant un mauvais jeu de mots sur son titre d'archevêque *de Rouen*, et lui reprochant d'accroître son pouvoir aux dépens d'une si illustre victime.

Mais bientôt le mouvement de la foule indiqua que les guichets venaient de s'ouvrir; en un instant la grand'salle fut envahie par ceux qui se trouvaient le plus rapprochés de l'enceinte; la foule, dans l'impossibilité d'entrer, se résigna à attendre au-dehors, bien résolue à ne pas quitter la place avant d'avoir appris le résultat du jugement.

C'était un magnifique spectacle que celui que présentait la grand'salle en ce jour de solennité. Ses lambris peints et dorés, sa voûte de bois de cèdre rehaussée d'or et d'azur, sa ceinture de statues royales, tout, jusqu'aux larges piliers où s'adossaient les boutiques des libraires et des parcheminiers, concourait à lui donner un caractère de grandeur grave et sévère. Puis, à des places réservées, la foule des avocats, des membres des Cours souveraines et de l'Université, les officiers de la maison du roi ; à un banc d'honneur, les ducs de Bourbon et de Lorraine, les comtes de Nassau et de Montpensier, Engilbert de Clèves, Philippe de Ravestein, le grand-maître, le seigneur de Guise et toutes les célébrités de la cour. En face (car l'accusé après huit mois de prison, ayant appris par expérience que la cour, *de sa commune manière, à tel montre aujourd'hui bon visage, à qui demain tournera le dos,* s'était retiré dans son château du Verger, proche d'Angers), en face donc, *ses bien aimés domestiques*, Antoine Charreton, Nicole Charmolue, Jacques de Maudon et Régnier Bongard, qui avaient reçu de lui mission de suivre le procès et *de se présenter en son nom par-devant tous juges* (1).

Louis XII n'avait pas voulu assister en per-

---

(1) La relation de ce procès n'a paru jusqu'ici dans aucun recueil de causes célèbres : c'est aux registres manuscrit du Parlement que nous en empruntons les détails.

sonne au prononcé de ce jugement, qui allait frapper un homme qu'il avait honoré de son amitié autant au moins que de sa faveur. Il se trouvait en ce moment au Palais cependant, car depuis trois mois qu'il résidait dans sa capitale, il n'avait pas cessé de s'occuper des moindres détails de l'administration de la justice, et, renonçant à la délicieuse habitation de l'hôtel Saint-Paul et de l'hôtel des Tournelles, il faisait son séjour dans le vieux palais de Saint-Louis, au centre de sa bonne ville, et parmi ses magistrats. C'était là qu'il se plaisait, en ces vastes salles froides, humides et obscures, plutôt que sous les treillis et les arbres fruitiers des jardins de Charles V, trouvant beau de régner dans le domaine de la loi.

Midi sonna enfin à l'horloge de la Sainte-Chapelle, et les huissiers annoncèrent *le Parlement!* Un profond silence succéda tout à coup au sourd bruissement de la foule; les magistrats, vêtus de robes et de manteaux d'écarlate garnis de riches fourrures, la tête couverte de toques de velours brodées d'or, entrèrent lentement et prirent place sur leurs siéges.

L'huissier étendant vers l'assemblée sa verge noire, appela par trois fois Pierre de Rohan, maréchal de Gié, et au milieu d'un religieux silence, le président Baillet, ayant à sa droite le président Thiboust, et assisté des conseillers ès-hauts siéges, se leva pour prononcer la sentence.

Mais suspendons un instant cette lecture, et pour rendre les dispositions de l'arrêt plus intelligibles, esquissons rapidement l'origine et la marche de ce long procès.

Dans le cours de l'année 1503, au commencement de juin, François de Pontbriant, gouverneur de Loches, qui, sans cesse poursuivait le roi de vagues dénonciations contre le maréchal de Gié, se présenta entouré d'une grosse troupe de gentilshommes de la reine, au-devant de Louis XII, qui passait, d'aventure, dans le faubourg de Blois, vis-à-vis de Notre-Dame-des-Aides. Le roi feignit de ne pas le remarquer; mais le seigneur de Pontbriant s'approchant avec assurance, et sans lui donner le loisir d'échapper à sa brusque allocution, demanda hautement à être interrogé sur les faits et crimes de haute trahison qu'il imputait à Pierre de Rohan, maréchal de

Gié. Louis XII, troublé et chagrin, ne lui fit que *maigre réponse*, et passa outre.

L'accusation avait été trop publique et trop positive pour que l'on refusât de la soumettre à l'épreuve judiciaire; le roi se défendit quelque temps encore d'ordonner la mise en cause du maréchal; il fut enfin forcé de céder aux circonstances, aux adroites insinuations de la reine, aux rumeurs impérieuses de la cour surtout: dans l'espérance toutefois de voir son favori sortir triomphant de cette épreuve, il fit commencer la procédure en secret, mais cessa de s'opposer à l'arrestation de son *vieil ami* de Rohan, qu'il savait *bon officier et bon valet de la couronne*.

On arrêta donc le maréchal et quelques personnes que François de Pontbriant avait impliquées dans sa dénonciation.

L'accusation portée contre le maréchal se rattachait à une vaste conspiration dont on espérait saisir tous les fils; cette espérance fut déçue, et l'accusation se réduisit, après une première information, au crime de lèse-majesté. Les interrogatoires commencèrent, à Orléans, en présence du chancelier Guy de Rochefort, qui bientôt, ne pouvant suffire à cet immense travail, requit le Parlement de Paris *pour aucune chose qui touche grandement le bien, l'honneur et l'utilité du roi et du royaume*, de lui adjoindre *plusieurs gens de bien, tant des cours souveraines que d'ailleurs*, avec ordre de partir en toute diligence, sans faire *répit* ou *dissimulation*, sous peine d'encourir l'indignation de sa majesté.

Une grande quantité de témoins furent, dès l'abord, entendus; la plupart ne déclarèrent que des faits ou des paroles sans importance; bientôt le témoignage de trois personnes fit seul la base de l'accusation et du procès. François de Pontbriant, la comtesse veuve d'Angoulême et le sire d'Albret semblaient d'accord pour incriminer le maréchal. Il fut confronté avec eux, après avoir vainement essayé de les récuser, « Alain d'Albret, comme son ennemi personnel, la comtesse comme femme, et Pontbriant comme faux témoin. » Jean Nicolaï, maître des requêtes de l'hôtel, et Nourry de Quenechquivilly, conseiller au grand-conseil, avaient présidé à ces interrogatoires depuis le 15 juillet 1504, et il en était résulté clairement qu'à l'époque où le roi avait été en *danger de mort* à Lyon, le maréchal de Gié, dans la supposition que *Dieu ferait bientôt son plaisir du roi*, avait tourné ses vues d'ambition vers monseigneur François d'Angoulême, auquel la couronne paraissait échoir, puisque la naissance d'un enfant mâle n'avait pas encore répondu aux vœux inquiets de l'époux d'Anne de Bretagne.

Son premier soin avait été de se rendre maître de tout le cours de la Loire, jusqu'à Nantes dont il était gouverneur; il avait interrogé les médecins et les apothicaires pour savoir *quelle fin prendrait le malade*, car il ne pouvait douter que l'étisie du roi se terminât bientôt par la mort. Dans cette croyance, il avait dépêché un messager qui annonça de vive voix à madame d'Angoulême que le roi se mourait à Lyon, et, sur ces entrefaites, fit arrêter sur la Loire les bateaux de la reine sur lesquels elle faisait secrètement transporter à Nantes son argenterie, sa bibliothèque, son épargne, et tout ce qu'elle possédait de plus précieux au château de Blois; nul doute qu'il n'eût fait également arrêter la reine elle-même si le roi avait succombé.

Dès le commencement du procès, le roi avait écrit à sa sœur, madame d'Angoulême :

Dites ce que vous savez, lui mandait-il, *des paroles tenues par le maréchal, pour ce que je désire en savoir la vérité.* Louise de Savoie comparut, et déclara que, pendant la maladie du roi à Lyon, Pierre de Rohan avait écrit *que sa majesté ferait la fin de sa mère;* qu'il avait dit, dans d'autres circonstances, que la reine ne l'aimait pas, mais *qu'il ne s'en souciait guère, et à elle ne craignait rien, se tenant sûr du roi;* qu'il avait dit encore : *Si Dieu fait son plaisir du roi, la reine pense bien s'en aller et emmener madame sa fille, mais on l'en gardera bien.* Qu'il avait dit un jour à elle-même : *désirer fort que Madame fût à Loches, qui était un lieu sûr, loin de rivière, et entre les mains de gens dont il s'en fiait bien ; car la reine ne la pourrait emmener comme de Blois.* Qu'il lui avait dit une autre fois mystérieusement : *Madame, vous devez entendre que je suis la personne de ce royaume qui vous peut mieux servir, ou nuire et faire mauvais tour.*

La comtesse d'Angoulême avait été confrontée au château d'Amboise avec le maréchal, qui, attristé de l'ingratitude de son accusatrice, ne put s'empêcher de dire que, *s'il avait mis aussi grand'peine à servir Dieu qu'à la servir, il n'aurait à rendre compte de tant de choses.*

François de Pontbriant était son principal accusateur, et sa confrontation avec lui ne se devait pas passer aussi paisiblement, bien qu'il eût été *admonesté de ne procéder par paroles outrageuses.* Pontbriant avait requis des commissaires la permission de se défendre et répondre *comme doit un gentilhomme* en cas que l'accusé lui adressât *aucune parole tirant à opprobre ou injure.* Le maréchal alla au-devant de toutes ses dispositions en déclarant que Pontbriant avait *faussement et outrageusement menti.* Il persévéra dans ce dire malgré les remontrances des gens du roi et la modération de Pontbriant, répétant que ce n'était pas un homme qu'il dût ménager, *qu'il le reconnaissait pour diseur de patenôtres, qu'il en disait plus qu'un cordelier, et qu'il lui avait donné un tour de cordon de la corde.*

Quant à sa confrontation avec Alain d'Albret, elle n'eut lieu qu'au mois de décembre, et l'un et l'autre semblaient la redouter également. Le sire d'Albret avait éludé les citations des commissaires en prétextant une maladie qui ne lui permettait pas de faire le voyage de Chartres, d'Amboise ou d'Orléans, où il avait été mandé tour à tour. On décida de transporter le maréchal à Dreux, pour cette confrontation ; mais il s'y opposa, motivant son refus sur la grande distance de *la traite*, sur *l'adversité du temps d'hiver* et sur *la malice des chemins*. Il dit *qu'il était faible et indisposé de sa personne ;* qu'on l'avait menacé d'outrages sur la route, et que ce serait *vexation et moleste* de le faire aller à Dreux, *terre et seigneurie d'Albret, son haineux et malveillant.* Ces excuses ne furent point admises, et il obtint seulement de se faire accompagner de plusieurs de ses gentilshommes ; il fut en outre arrêté qu'il entrerait dans le château par une porte hors de la ville, et que, les clefs remises aux commissaires, on ferait sortir tous les gens du sire d'Albret, *excepté ceux nécessaires pour le service.*

Ces conditions s'exécutèrent ponctuellement, et Pierre de Rohan, qui feignait de craindre un guet-apens de la part de *son ennemi mortel,* arriva dans la demeure de celui-ci escorté de ses propres gens d'armes. Le vieux sire d'Albret gisait au lit dans sa chambre : l'accusé, introduit avec ses juges et greffiers, *entra la tête couverte et sans faire aucune révérence;* on lut la déposition écrite de la main d'Alain d'Albret, qui persista fermement de point en point dans ses premières révélations. Pierre de Rohan répliqua que c'étaient *choses controuvées,* et qu'on avait *fait le bec* au sire d'Albret *pour en dire, comme à l'oiseau en cage;* il le harcela de paroles piquantes, auxquelles celui-ci répondit sans s'émouvoir par un constant témoignage des faits, peu graves d'ailleurs, qu'il avait avancés.

Le maréchal, assis sur un banc d'osier en face du lit où était couché le sire d'Albret, gardait une contenance froide et impassible; pour dissimuler en soi ses impressions, et surtout la colère qui enflammait ses joues, *il se peignait la barbe avec la main,* et, de cette barbe argentée qu'il avait laissée croître fort longue depuis sa captivité, il couvrait par moment la moitié de son visage, *si qu'il n'en apparaissait que le front et les yeux.* Cette pantomime donna lieu à un bizarre incident qui vint pour un moment faire trêve à la gravité de cette scène semi-lugubre. Un petit singe que le sire d'Albret tenait caché sous les draps sortit de sa retraite durant l'interrogatoire, et fit ses mines facétieuses aux *sieurs du conseil* en robes noires, et au maréchal, dont l'étrange figure à demi masquée par sa grande barbe qu'il caressait sans cesse de ses doigts avait attiré surtout l'attention de ce *marmot* audacieux. Après un *millier de singeries* qui égayaient l'assistance au milieu des sérieux débats d'un procès capital, il s'élança d'un bond sur les genoux de Pierre de Rohan, saisissant sa barbe *et la tirant à toute force.* Rohan, effrayé d'abord, courroucé bientôt, cria, se plaignit *qu'on se truffait de lui*, et se débarrassa de cette fâcheuse accolade en jetant le singe contre terre. *Adieu, seigneurs*, dit-il en se retirant ; *plus tard verrons si tels outrages sont momeries.*

Dans tous ses interrogatoires, le maréchal se renfermait dans la dénégation la plus brève et la plus absolue : on lui demanda s'il s'était *enquis aux médecins du roi quelle fin prendrait la maladie ;* s'il avait parlé de la mort du roi aux apothicaires ; s'il avait *conspiré ou désiré la mort du roi ;* s'il avait eu des intelligences avec l'Espagne, l'Angleterre, le roi des Romains, le pape et le duc de Valentinois ; mais nulle part on ne rappela le sujet réel et primitif de ce procès : l'arrestation des bateaux d'Anne de Bretagne sur la Loire.

De ces informations cependant il ne résultait aucune preuve décisive et satisfaisante. Aussi le maréchal présenta-t-il une requête dans laquelle il faisait valoir *comment tout le temps de sa vie il s'était, grâce à Dieu, gouverné et conduit dans ses affaires, sans avoir commis ou entrepris aucune chose digne de blâme ni repréhension*, et comme depuis peu de temps on avait voulu *grever son état, honneur et renom, sous ombre de telle quelle information faite par gens pris à poste, ses ennemis capitaux, calomniateurs, conspirateurs et controuveurs.* En conséquence, il suppliait les commissaires de le *recevoir à prouver et informer de sa bonne fâme.*

Toutefois, l'insuffisance des charges n'avait pas arrêté le procureur du roi Fabry, qui, dans l'acte d'accusation, avait mis en œuvre toutes les ressources de la rhétorique et l'autorité des légistes célèbres pour établir le crime de lèse-majesté. Il considérait *les très grandes dignités et qualités du roi, de la reine et de madame leur fille.* Les rois sont les ministres du ciel sur la terre, disait-il ; le roi de France, qui est au-dessus de tous les rois, représente un dieu fait homme, *tanquam corporalis Deûs;* la reine, sa compagne, participe à la même nature, *vir et uxor eadem caro ;* la fille jouit du privilége de ses parens, et peut être nommée reine du vivant de sa mère : donc, quiconque attente à la personne de la femme ou de la fille du roi, est coupable de lèse-majesté divine et humaine.

Après cet étrange syllogisme, Fabry avait passé en revue la vie de Pierre de Rohan, le commencement de sa fortune, et les bienfaits qu'il avait reçus de trois rois qui le comblèrent de biens et d'honneurs ; de sorte que *jamais homme ne fut plus obligé à princes temporels.*
« Ces choses sont à pondérer, avait-il dit,
« pour remontrer la grandeur et exécrabilité
« du crime de Rohan, qui ressemble à
« pourceau, lequel au commencement de sa
« jeunesse est assez beau ; puis après, quand
« vient à plus grand âge, se nourrit sous
« l'arbre du gland que l'arbre produit, et
« s'en engraisse tellement qu'il déprise l'ar-
« bre, et emploie toute sa force à fouger et à
« déraciner l'arbre qui l'a nourri et engraissé;

« car, pour les plus grands honneurs, béné-
« fices et largesses à lui impartis des princes,
« il s'est tellement engraissé et trouvé envi-
« ronné d'honneurs et de richesses, qu'il est
« entré en superbité, comme fit Lucifer en
« paradis, a été aveuglé d'ignorance et d'in-
« gratitude, a oublié le bas degré d'où il était
« procédé à monter si haut, et par sa malice
« s'est découvert, pensant se faire roi lui-
« même, plus orgueilleux et superbe que ne
« fut oncques Lucifer. »

Le procureur du roi Fabry avait ensuite
énuméré tous les faits que l'instruction avait
pu recueillir, pour démontrer que depuis
quatre ou cinq ans le maréchal avait *pensée
mauvaise* contre le roi et la chose publique;
il examinait les maux infinis qui eussent accablé la France, dans le cas où, le roi mourant,
*les factions délibérées par Rohan fussent adve-
nues :* la reine pouvait être enceinte d'un enfant mâle, légitime successeur de son père,
le maréchal se serait opposé aux droits de ce
fils posthume, en tenant la reine *en charte
privée; les bons et loyaux sujets* se fussent effor-
cés de recouvrer la reine et sa fille ; *les faux,
traîtres et déloyaux d'elles garder :* de là, guerre,

division et praguerie, pendant lesquelles les Anglais eussent pu entrer dans le royaume!

Traitant ensuite Rohan de *parjure et infâme*, pour avoir dit que le roi *ferait la fin de sa mère*, car il était *domestique* du roi, et révélait le secret de son maître, le procureur du roi avait accusé le maréchal de Gié de *cinq crimes de lèse-majesté contre cinq personnes : le roi, le futur roi, la chose publique, la reine et la fille du roi.* Il demandait qu'il fût préalablement retenu et convaincu par la torture, *sans avoir égard à la dignité de chevalerie*, et prenait conclusion en disant qu'il devait être condamné à avoir la tête tranchée, ses biens confisqués, ses enfans déclarés infâmes et incapables d'hériter.

Le maréchal avait toujours répondu : *nego;* les souffrances de la question lui avaient été épargnées, à cause de son grand âge, de sa noblesse et de son rang. Il ne cherchait qu'à gagner du temps, bien que les fondés de pouvoirs de la reine se plaignissent que ce procès serait *éternel*. Amené à Paris dans le courant de janvier, il avait soulevé de nouvelles difficultés, objectant des *reproches* contre la plupart des témoins, afin de faire recommencer les interrogatoires. Par une adroite tactique, il avait créé aussi de graves embarras à un des commissaires, Antoine Duprat, qui n'avait pas encore prêté serment devant la Cour, bien qu'il remplît ses fonctions depuis plusieurs mois.

Durant ces lenteurs cependant, les actives démarches des amis de Pierre de Rohan avaient réussi à intéresser le Parlement qui, non seulement lui accorda la faculté de faire informer sur ces *reproches*, mais encore ordonna le 29 janvier qu'il serait élargi, *à sa caution juratoire*, jusqu'au 1er avril, époque de l'ouverture des débats du procès.

Mais, soit que l'opinion des juges sur l'innocence de l'accusé se fût manifestée trop ouvertement, soit que l'on craignît quelque mouvement de la part de ses partisans, une ordonnance du roi les devança, et, le 14 mars, transporta le procès au Parlement de Toulouse, sous prétexte que les gens du grand Conseil étant continuellement occupés des affaires du royaume, *cette matière pourrait prendre plus long train que nous et la raison ne voudrions.*

Le 26 mai, le maréchal de Gié avait obtenu qu'à *l'occasion des grandes chaleurs, peste et maladies qui ont lieu chaque an à Toulouse*, il se ferait représenter; mais ce Parlement commença les procédures le 23 juin, et arrêta que l'accusé se remettrait prisonnier huit jours après la Saint-Martin d'hiver, *à la caution de soi-même.*

Devant cette cour, la face du procès avait bien changé : les nouvelles charges portées contre le maréchal étaient moins graves assurément, mais aussi beaucoup plus réelles. On l'accusait d'avoir *diminué la force du royaume en usurpant certain nombre de mortes-paies du duché de Guyenne, et semblablement des archers de sa compagnie, pour les appliquer à la garde de son château de Fronsac, sous couleur de son autorité;* on l'accusait encore, outre plusieurs autres méfaits, de s'être emparé à main armée de la terre et du château de Maillé, au préjudice des héritiers naturels, et d'avoir fait résistance aux officiers de justice, accueillis à coups de traits par ses soldats.

Pas un avocat n'osait défendre Rohan, *pour la crainte de ceux qui lui faisaient partie.* Il se plaignit de cet abandon, et le procureur du roi Robin, qui avait succédé à Fabry, essaya de démontrer que les prévenus de lèse-majesté ne méritaient pas d'avoir de défenseur; la Cour, plus équitable, enjoignit à deux avocats qu'elle désigna *de le conseiller honnêtement*. Un de ces avocats, nommé Péylier, basa toute sa défense sur ce raisonnement : « Si l'accusé a vécu durant son jeune âge si vertueusement, noblement et sans reproche, il n'est pas à présumer que dans la vieillesse où il est actuellement constitué il ait voulu laisser cette voie virtueuse, et décliner à vice, ainsi qu'on veut dire en le chargeant d'aucunes choses qu'il ne pensa oncques. » L'avocat demandait que l'on recommençât le procès; la Cour décida que l'affaire serait jugée *en l'état que lors sera trouvée*. Dès ce moment, le maréchal, qui comparaissait à *la barre* des accusés, pour *faire sa révérence* au Parlement, n'eut plus à répondre que sur les concussions, pilleries et abus d'autorité que l'on substituait au crime de lèse-majesté, et le procureur du roi s'abstint de réclamer contre lui la torture et la peine capitale.

Après dix-huit séances enfin, consacrées à *visiter* le procès, et huit pour opiner, les juges du Parlement de Toulouse, après avoir juré *sur la représentation de la passion de Dieu figurée* qu'ils ne révéleraient rien de l'instruction *par paroles ou par signes*, avaient rendu l'arrêt dont la lecture était attendue avec une si vive anxiété par la population de Paris et par la France tout entière.

Le roi, par lettres-patentes où le maréchal de Gié était encore appelé son cousin, avait ordonné que cet arrêt serait exécuté de point en point; qu'il serait lu à Paris sur la table de marbre, *la grand'salle pleine de peuple;* qu'il serait, à son de trompe, crié devant la principale porte des châteaux d'Amboise et d'Angers, et serait enfin notifié au lieutenant-général des maréchaux et publié par toute la France.

Lecture en fut donc donnée par le président Baillet d'une voix lente et solennelle : par sa teneur, « Pierre de Rohan, pour réparation d'aucuns excès et fautes desquels a apparu à la Cour, et pour certaines grandes causes à cela mouvant, était privé du gouvernement et garde du duc de Valois, de la capitainerie des châteaux d'Amboise, d'Angers et autres, et de la charge de capitaine de cent lances, suspendu de l'office de maréchal pour cinq ans, durant lequel temps défense à lui d'approcher la cour de dix lieues, sous peine de confiscation de corps et de biens; il était en outre condamné à restituer au roi les gages et solde de quinze mortes-paies ordinaires au pays de Guyenne, lesquels soudoyés de l'argent du roi, ledit de Rohan avait mis en son châtel de Fronsac et assignés à son service depuis la mort de Charles VIII; et pour le surplus, il était absous, et pour cause, de toutes les conclusions prises contre lui par le procureur général du roi. »

Les partisans du maréchal, le maréchal lui-même avaient espéré un acquittement; Anne de Bretagne comptait sur une condamnation plus sévère; l'arrêt ne satisfaisait donc personne. Il fut suivi d'un long murmure d'étonnement, et la foule s'écoula lente et silencieuse, commentant en sens divers ce retirement de la fortune.

A trente ans de là, jour pour jour, le Parlement de Paris devait réhabiliter la mémoire du maréchal de Gié, en assistant, *en considération de ses mérites*, aux funérailles de son fils, qui mourut évêque de Lyon.

Ainsi va la justice politique !

VII

DISGRACE ET SUPPLICE DE SAMBLAÇAI.

(1522.)

Parmi les éclatantes disgrâces des serviteurs et des favoris des rois, celle de Samblaçai est une des plus remarquables. L'histoire cependant n'a pu qu'imparfaitement éclaircir les causes réelles et secrètes de l'inique persécution et du déplorable supplice de ce vertueux vieillard.

Fils d'un riche bourgeois de Tours, Jacques

de Beaune, baron de Samblaçai, s'était élevé, par son seul mérite, aux importantes et délicates fonctions de surintendant des finances sous les règnes de Charles VIII et de Louis XII. François Ier le trouva, à son avénement, en possession de ce poste, et lui accorda la même confiance que ses prédécesseurs; bien lui en prit, car au milieu des désordres et des aventureuses entreprises qui signalèrent constamment son règne, la régularité des finances pouvait seule prévenir ou réparer de trop éclatans malheurs.

Aimé du roi, craint ou respecté des courtisans, Samblaçai, possesseur d'une fortune considérable, avait dépassé déjà l'âge de soixante ans, et paraissait à l'abri désormais des atteintes et des reviremens de la fortune, lorsqu'une circonstance qui semblait ne devoir exercer aucune influence sur la félicité assurée de sa vie, la haine de la duchesse d'Angoulême, mère du roi, pour la maison de Foix, vint décider de sa ruine, et l'entraîner dans l'abîme où un supplice infamant devait terminer ses jours.

C'était vers la fin de 1522; la guerre, après des fortunes diverses, s'était concentrée tout entière sur l'Italie. Lautrec commandait pour la France; son habileté et son courage avaient résisté à tout l'effort des armes de Charles-Quint; mais Madame d'Angoulême avait résolu sa perte. Vainqueur, il se trouvait plus avant que jamais dans la faveur de François Ier; vaincu, il tombait dans une disgrâce humiliante. En habile ennemie, elle sut rendre pour lui la victoire impossible. Épuisé par de nombreux combats, sans argent pour solder la gendarmerie et les auxiliaires, Lautrec écrivait incessamment pour demander des subsides et des secours. Elle intercepta les lettres, arrêta la marche des convois, et par adresse et par menaces, parvint à enlever des coffres de l'État les sommes destinées à la malheureuse armée d'Italie.

Lautrec fut chassé du Milanais. Il en devait être ainsi; mais sa défaite même fut glorieuse, et, sûr d'être demeuré sans reproche, il prit, lorsqu'il n'eut plus d'espoir, le parti de revenir en France. Il osa s'exposer au ressentiment d'un maître prévenu, qui n'imputait qu'à son général le malheur de ses armes; aux cabales d'une cour qui enviait sa faveur; aux insultes d'un peuple peu disposé à pardonner aux généraux le mauvais succès. Dès son arrivée, il put voir quel orage s'était formé contre lui : la duchesse d'Angoulême, le chancelier Duprat, Bonnivet, s'étaient ligués pour le perdre : à peine la comtesse de Châteaubriant osait-elle prendre sa défense ; le roi refusait de le voir.

Dans cette extrémité, Lautrec eut recours au connétable de Bourbon, dont il avait été le lieutenant et l'ami; la cour était alors à Moulins, et le connétable, ennemi de la duchesse-mère, trouvant un moyen de lui nuire dans la justification de Lautrec, obtint pour lui une audience du roi.

François Ier reçut le général vaincu avec une froideur si marquée, que celui-ci osa lui en demander la raison. Le roi perdant patience s'emporta en récriminations, en menaces, et lui reprocha avec amertume la perte du Milanais. Lautrec, sans s'émouvoir, répondit que toujours il avait déclaré que la défense du Milanais était impossible, si on ne lui faisait tenir quatre cent mille écus ; que, malgré les assurances du roi, jamais aucune somme ne lui était parvenue, et que la gendarmerie avait fait preuve d'une générosité noble et exemplaire en servant dix-huit mois sans toucher un denier.

— A l'égard des Suisses, ajouta-t-il, il m'a fallu tout mon ascendant sur eux, tous mes sacrifices et mon adresse, pour les retenir si long-temps dans un service aussi ingrat.

Le roi reconnut alors qu'il avait été trahi, et sa colère ne connut plus de bornes; mais ce ne fut plus Lautrec qui en fut l'objet. Mandant en hâte le surintendant des finances, il lui demanda compte des quatre cent mille écus qu'il l'avait chargé de faire tenir à l'armée d'Italie. Samblaçai avoua en tremblant « qu'il n'avait point exécuté les ordres du roi, parce que le jour même où il devait envoyer cette somme et où les assignations avaient été dressées pour le Milanais, la duchesse d'Angoulême était venue à l'épargne et avait exigé le paiement de tout ce qui lui était dû jusqu'à ce moment, tant en pensions et gratifications, que pour les duchés de Valois, de Touraine et d'Anjou dont elle était donataire; qu'il lui avait représenté qu'en lui payant une somme aussi forte, le trésor royal serait épuisé, et les fonds destinés pour le Milanais divertis, contre la volonté du seigneur roi;

qu'elle avait persisté en menaçant de le perdre; qu'il avait montré qu'il y allait de sa tête si Lautrec ne trouvait pas d'argent en arrivant à Milan; mais qu'elle avait répondu qu'elle le mettait par son reçu à l'abri de toute poursuite, et qu'il n'avait osé refuser la mère de son roi. »

Pour la première fois alors, François parut s'écarter du profond respect qu'il avait toujours montré pour sa mère. « C'est donc à votre avarice, madame, s'écria-t-il en entrant dans son appartement, que je dois la perte du Milanais et la ruine de mes affaires ! » La duchesse s'emporta, nia avoir jamais rien reçu, et accusa le surintendant des finances en exigeant qu'il parût devant elle.

Samblaçai vint, et la duchesse lui donna en face un démenti formel, en demandant vengeance de sa calomnie; mais avec quelque hauteur qu'une femme toute-puissante, qu'une mère révérée accablât devant son fils un ministre sans appui, dont le respect et l'étonnement glaçaient la défense, François Ier n'eut pas besoin de toute sa pénétration pour reconnaître le vrai coupable. La duchesse, en effet, après tout l'éclat de ses démentis, fut obligée de convenir qu'elle s'était fait remettre, à l'époque dont il s'agissait, une somme de 400,000 écus, provenant, disait-elle, de ses épargnes, antérieurement confiée en dépôt au surintendant. « N'y songeons plus, dit le roi : nous n'étions pas dignes de vaincre. La fortune voulait en vain se déclarer pour moi; nous mettions à sa faveur de trop puissans obstacles. Cessons désormais de nous trahir, et allons au bien avec plus de concert et d'intelligence. »

Samblaçai resta en place, mais la duchesse jura sa perte. Sa réputation était demeurée sans tache jusqu'alors; il s'était distingué parmi les ministres chargés de la dangereuse administration des finances par un rare et consciencieux esprit d'ordre et d'exactitude. Renfermé dans les fonctions de son ministère, il avait vécu parmi les intrigues et les passions de la cour sans y prendre part. Le roi lui avait voué une amitié qui tenait du respect et ne l'appelait que son père. Aussi la faveur pleine de considération dont il jouissait lui avait-elle fait de puissans ennemis : son économie, son intégrité en augmentait le nombre. Il défendait les intérêts du peuple contre l'avidité des grands; c'était à cette cour une sottise à la fois et un soin inutile, car malgré ses représentations, le roi dissipait ses finances en profusions envers ses favoris, tandis que sa mère les épuisait de son côté pour servir et assurer ses ténébreuses intrigues.

En 1524, Samblaçai était encore à la tête des finances. Bonnivet avait éprouvé dans le Milanais de nouveaux échecs, et le roi voulait en tenter une troisième fois la conquête. Mais l'argent manquait. On proposa à Samblaçai d'en avancer; il osa refuser, alléguant qu'il lui était dû déjà par le trésor l'énorme somme de cent mille écus. Ce refus lui fit perdre sa place et sa faveur; il conserva toutefois sa liberté, rendit ses comptes, et prouva qu'en effet le roi restait son débiteur de plus de trois cent mille livres.

François I*r* partit alors, laissant le soin du gouvernement à la duchesse. Tout fut à craindre pour Samblaçai dès ce moment. Madame d'Angoulême, en effet, pour libérer l'État et satisfaire sa propre vengeance, intenta un procès civil à l'ancien surintendant, sous prétexte d'être payée de ce qui restait dû, disait-elle, du prétendu dépôt fait par elle, trois ans avant, sur son épargne. Cette prétention ne reposait sur aucune base ; Samblaçai n'en conçut aucune inquiétude, et, au lieu d'y répondre, alla vivre en paix dans la terre de Balac qu'il possédait près de Tours. Il y était encore au mois de juillet 1526, sans que la régente eût pu trouver quelque moyen de donner à son action une apparence de vérité suffisante pour assurer le gain du procès.

Cependant il se formait contre Samblaçai un orage qu'il contribua lui-même à grossir par l'imprudente insistance avec laquelle il sollicita le paiement de ce qui lui était dû, dans un moment où l'état, accablé par les revers et privé de son roi, semblait absolument sans ressources. Habile à profiter des fautes de son adversaire, la duchesse, envenimant la démarche de Samblaçai, écrivit alors à son fils : « C'est peu de ne point vous aider dans de pareils malheurs, il veut vous ruiner. Voilà l'homme pour qui vous vous étiez presque déclaré contre votre mère! Et, à qui doit-il donc sa fortune ? »

Cette fortune était assez grande, en effet, pour exciter l'envie, et la voix de ses ennemis en exagérait encore l'importance. On rechercha toute la conduite du surintendant, non par des voies juridiques, mais par ces moyens tortueux que l'intrigue et la haine savent, pour assurer leur succès, employer avec une si perfide adresse. On menaça; on intimida un nommé Prévot, de Tours, commis de Samblaçai; on lui montra le supplice tout prêt à le punir comme complice du surintendant s'il ne se portait son accusateur.

Prévot dit tout ce qu'on voulut lui faire dire, et au-delà; les profits les plus légitimes de la place du surintendant devinrent autant de malversations, et quand l'acharnement à chercher des crimes eut vaincu la difficulté de lui en trouver, le procès civil fut transformé en procès criminel, et le 26 juillet 1527, Samblaçai, arrêté dans sa terre de Balac, fut transféré sous bonne escorte dans les prisons de la Bastille.

Le procès, uniquement basé sur une vague accusation de péculat, pouvait être long : Duprat, pour en accélérer l'issue, choisit les juges (1) parmi ses créatures et leur dicta

---

(1) Voici ce que dit un contemporain, Beaucaire, sur ce choix des juges, en parlant du chancelier Duprat : *Bipedum*

d'avance l'arrêt qui fut prononcé le 9 août
1527, et dont voici les principales dispositions :

« Déclarant ledit Jacques de Beaune être
atteint et convaincu de larcins, faussetés,
abus, malversations et male administration
des finances du roi, mentionnés audit procès.
Et pour réparation desdits crimes et délits,
l'ont déclaré et déclarent être privé et le privent de tous honneurs et états. Et en outre ont
icelui condamné et condamnent à être pendu
et étranglé à Montfaucon, et tous ses biens,
meubles et héritages confisqués. Sur lesquels
biens et confiscation sera prise la somme de
trois cent mille livres parisis, tant pour restitution des sommes par ses faussetés mal prises
par ledit Jacques de Beaune, sur lesdites finances du roi, qu'autres dommages-intérêts
par lui faicts et donnés en icelle. Laquelle
somme lesdits juges ont adjugée au roi, pour
ladite restitution, et ce, sans préjudice de

---

omnium nequissimus, qui Samblaçaio ob summam ejus auctoritatem invidebat, illi judices è sua cohorte, hoc est ex iis quos vel ad senatum parisiensem promoverat, vel sibi fidos alioqui sciebat, dedit.

ladite debte prétendue par madite dame, mère du roi. »

Cinq jours après, cet inique jugement recevait son exécution, et Samblaçai, extrait à une heure après midi du donjon de la Bastille, était conduit à pied, au milieu de la foule silencieuse, à l'infamant gibet de Montfaucon. Voici en quels termes le journal manuscrit de François Ier, déposé à la bibliothèque, raconte la marche du funèbre cortége: « Jean de Beaune de Samblaçai, général des finances, fut mené de la Bastille au lieu patibulaire de Montfaucon, en passant par la rue Saint-Denis. Arrivé devant la maison des religieuses, on le fit entrer, et les filles de la communauté lui donnèrent du vin et du pain, dont il mangea trois morceaux, ainsi qu'ont accoutumé les malfaiteurs, après avoir baisé la croix et reçu de l'eau bénite. (On appelle le pain, le dernier morceau des patiens, et le vin est une image du vin de myrrhe que les juifs donnèrent à Jésus-Christ, et que les dames juives font boire aux patiens pour endormir les douleurs du corps.) »

Samblaçai était alors âgé de soixante-deux ans. Il mourut avec un rare courage, tandis que le peuple couvrait ses juges de malédictions. Un d'eux, Maillard, l'avait accompagné dans sa route et assista jusqu'à la fin de l'exécution. Marot fit à ce sujet un huitain qui mérite d'être cité, en ce qu'il établit fidèlement l'effet que le supplice de Samblaçai produisit alors sur les esprits :

> Lorsque Maillard, juge d'enfer, menait
> A Montfaucon Semblaçay l'âme rendre,
> Lequel des deux, à votre sens, tenait
> Meilleur maintien ? Pour le vous faire entendre,
> Maillard semblait homme que mort va prendre ;
> Et Samblaçay fut si ferme vieillard,
> Que l'on eût dit, au vrai, qu'il menait pendre
> A Montfaucon le lieutenant Maillard.

Quelques années plus tard, la mémoire de Samblaçai était réhabilitée; son fils, qui depuis fut archevêque et grand-aumônier de France, obtenait des lettres qui le rétablissaient dans les biens et honneurs dont l'arrêt du 9 août 1527 l'avait privé. Il ne restait de ce déplorable procès, qu'une indélébile tache à la mémoire de cette duchesse d'Angoulême, dont les intrigues furent une des principales causes des malheurs du règne de son fils; et une preuve de plus des dangers de la place de surintendant des finances, alors que les rois n'avaient pas encore le droit incontesté de créer les impôts, et que pour se procurer des subsides ils usaient de désastreux moyens dont la haine des peuples faisait retomber la terrible responsabilité sur leurs ministres.

Colbert, heureusement, devait bientôt mettre un terme à ce funeste état de choses dont la dernière victime fut le célèbre Fouquet.

VIII

LE CARTEL DE FRANÇOIS PREMIER.

(1526).

Ce fut une grande rumeur que celle qui se fit dans Paris le quinzième jour de décembre 1526. *Un lit de justice*, annoncé avec un faste et un appareil inusités, devait se tenir dans la grand'salle du Palais; aussi, dès l'aube, la population tout entière s'était-elle mise en émoi. Sur tous les points, les hallebardiers du roi se portaient pour assurer les étroits passages, prévenir les rixes et veiller au maintien de la libre circulation. Malgré leurs efforts, cependant, des clameurs, des récriminations, des menaces éclataient de toutes parts dans les groupes, et des conversations tumultueuses, où la politique et la religion étaient en jeu tour à tour, n'expliquaient que trop ces mouvemens désordonnés et cette anxiété de la foule dans l'attente de quelque grand événement.

Mais vers midi, à cette sourde et active agitation succéda une attention générale ; une sorte de silence s'établit, et tous les regards se portèrent à la fois dans la direction de la Seine. De divers chemins, sur la grève, par les places, à travers les rues, on voyait s'avancer à la fois vers la Cité tout ce que Paris avait réuni jamais de plus nobles seigneurs, de plus puissans prélats, de magistrats plus recommandables.

Les princes, couverts de brocarts étincelans de pierreries, attirèrent d'abord les regards ; puis vinrent les pairs du royaume, bardés de fer et survêtus de riches et flottans manteaux d'hermine, ensuite, les grands officiers de la couronne avec les insignes de leurs dignités; une foule d'illustres seigneurs, trois cardinaux, trois archevêques, dix-sept évêques, le corps entier du Parlement de Paris, au nombre de soixante-dix-huit membres; deux députés du Parlement de Toulouse, deux de Bordeaux, un de Dijon, deux de Grenoble, deux d'Aix, deux de Rouen, et le corps entier enfin de la ville de Paris.

C'était vers le Palais que se dirigeaient ces nobles et brillans cortéges. Tous bientôt se trouvèrent réunis dans la vaste salle de la Table-de-Marbre, et lorsqu'ils eurent pris rang selon les ordres de l'étiquette, le roi lui-même, François Ier, entouré du reste glorieux de noblesse échappé au désastre de Pavie, vint prendre place pour présider cette assemblée extraordinaire, dont il semblait avoir voulu faire un simulacre d'états-généraux.

François Ier, malgré ses malheurs, était encore alors l'orgueil et l'admiration de son peuple. Ses qualités, plus brillantes que solides, n'avaient pas cessé de fasciner les cœurs; et si sa gloire, acquise dans tant de combats, s'était trouvée compromise par ses revers, sa captivité semblait avoir été une expiation assez cruelle, et sa magnificence dans la paix n'avait pas moins laissé dans les esprits de profonds et durables souvenirs

Alors, en effet, la France était la véritable patrie des beaux-arts; Fontainebleau, Chambord, Saint-Germain, ces édifices féeriques sur lesquels semblent encore veiller les mystérieuses salamandres, s'élevaient comme par enchantement; François Ier disputait Jules Romain à Rome, enlevait à Florence Léonard de Vinci et André del Sarto, et d'un même trait de plume commandait à Raphaël son immortelle Transfiguration, et ordonnait la construction du Hâvre-de-Grâce qui devait sitôt faire oublier le vieux renom de Harfleur.

Une sourde rumeur cependant accueillit l'entrée du monarque, et ce fut des bancs même du Parlement qu'elle s'éleva, comme si cet antique corps eût voulu protester de son rancunier souvenir, pour l'atteinte que le roi s'était permise contre ses priviléges en faisant violemment enregistrer par La Trémoille, porteur d'*exprès commandemens*, le *concordat* violateur de la *pragmatique-sanction*.

Nulle voix ne s'éleva pour réprimer ce témoignage désapprobateur : les torts du roi étaient trop récens et trop graves, en effet, pour que le respect pût suffire à étouffer les plus justes regrets. L'armée perdue à Pavie, la chevalerie détruite, Bayard et l'élite des preux livrés à la mort, l'Italie abandonnée, la France à deux doigts de sa perte et le trône n'ayant de refuge contre sa ruine que dans son propre déshonneur : tel était le tableau qui se présentait à tous les esprits, qui faisait gémir tous les cœurs.

L'objet de cette réunion solennelle n'était pas connu cependant. Le roi était arrivé depuis peu de jours à Paris, et l'on ne se rappelait qu'avec trop de douleur et d'effroi les désastreux événemens qui l'avaient tenu si long-temps éloigné de la capitale. Après la funeste déroute de Pavie, où neuf mille hommes, l'élite de la noblesse française, étaient restés sur le champ de bataille, François, blessé à la jambe, à la main, et renversé de son destrier, s'était, après une inutile défense, rendu à Lannoi, vice-roi de Naples. C'est alors qu'il avait écrit à sa mère ce billet plus touchant, mais moins sublime que le mot héroïque que lui a depuis prêté l'histoire: *Madame, tout est perdu, fors l'honneur!* (Voici

le principal paragraphe de cette lettre, que nous puisons dans les archives manuscrites du royaume). « Pour vous avertir comment se
« porte le ressort de mon infortune, *de toutes*
« *choses ne m'est demeuré que l'honneur et la vie,*
« laquelle est sauve... Je vous supplie de vou-
« loir prendre extrémité de vous-même, en
« usant de votre accoutumée prudence, car
« j'ai espoir en la fin que Dieu ne m'abandon-
« nera point, vous recommandant vos petits
« enfans et les miens !... »

Conduit tour à tour à Pizzighittone, à Naples, à Barcelone, il venait, au bout de trois ans d'une captivité dont les rigueurs, après l'avoir fait tomber *dans une grande mélancolie et une fièvre fort véhémente*, avaient mis ses jours en danger, de signer le traité de Madrid, qui le rendait à la liberté. Les conditions imposées par Charles-Quint avaient été tellement exorbitantes, toutefois, que le roi, ne les consentant qu'après avoir juré pendant trois ans qu'il préférerait *se résigner à tenir prison sans fin*, avait, avant la signature, protesté en présence de Montmorency, de Chabot de Brion et de plusieurs secrétaires et notaires, contre la valeur des promesses qui lui étaient extorquées.

Par ce pacte, il s'engageait à restituer à l'empereur le duché de Bourgogne, héritage de ses aïeux; il abjurait toute prétention sur le Milanais, Gênes et le royaume de Naples; renonçait à s'immiscer dans les affaires d'Italie; abandonnait ses droits de suzeraineté sur la Flandre et sur l'Artois; retirait sa protection au roi de Navarre, au duc de Gueldre, aux Lamarck; jurait de rendre les domaines saisis sur le connétable de Bourbon, le prince d'Orange et autres rebelles, et de payer une rançon de deux millions d'écus à l'empereur, se chargeant, en outre, d'éteindre une dette de cinq cent mille écus contractée par Charles-Quint envers le roi d'Angleterre; François devait enfin épouser la reine douairière du Portugal, Eléonore d'Autriche, sœur de l'empereur; et, pour garantie de l'exécution de ses promesses, force lui avait été de livrer en ôtage ses deux fils, François et Henri, qui avaient été remis, sur la Bidassoa, aux commissaires espagnols par ce même Lautrec qui avait perdu la vice-royauté de Naples, parce qu'il était *bon à combattre en guerre et à frapper comme un sourd, mais non à gouverner un état.*

Me voici donc roi derechef! s'était écrié François Ier en mettant le pied sur la terre de France; et à quelques jours de là, après avoir signé avec le pape, les Vénitiens et le duc de Milan *une ligue et alliance perpétuelle*, à laquelle adhéra le roi d'Angleterre, il expédiait *Guyenne*, son héraut, près de Charles-Quint, pour lui signifier, de la part des Bourguignons, un refus formel de se séparer de la couronne de France, et offrir deux millions en échange de cette condition du traité. Après avoir quelque temps attendu inutilement la réponse, il s'était dirigé vers Paris.

Tel était, au mois de décembre, l'état des affaires, lorsque le lit de justice fut convoqué; et l'on doit juger avec quelle impatiente anxiété les paroles du roi étaient attendues, lorsqu'après avoir salué l'assemblée avec courtoisie, il prononça ces mots d'une voix ferme, bien qu'émue :

« Messieurs, vous connaissez la situation du royaume; après une absence si douloureuse, j'aurai plutôt à recueillir vos avis pour y apporter remède, qu'à vous dire tous mes projets. C'est pour vous exposer ma position personnelle vis-à-vis de l'empereur, que je vous ai rassemblés. Malgré le désastre de nos armes, plongé dans la captivité et séparé de mon peuple, je n'ai pu me résoudre, trois ans durant, à accepter les conditions cruelles et pleines d'injustice que me dictait l'empereur. Je ne me suis résigné enfin à les consentir, lorsque le mauvais état de ma santé m'y a forcé, qu'après avoir protesté contre la violence qui m'était faite, et dans le but surtout de venir conférer avec vous des moyens les plus avantageux.

« Peut-être ne savez-vous pas à quel prix la liberté m'est rendue. Voici le traité en son entier. (Ici, François Ier lut lui-même le traité de Madrid, dont nous donnons plus haut la substance.) J'ai livré mes enfans, continua-t-il, pour venir me jeter dans les bras de mon peuple; c'est à vous, messieurs, à peser dans votre sagesse et votre dévouement à la couronne quels subsides vous pouvez fournir pour la rançon des chers enfans de France. Si vous trouviez mon peuple trop grevé, cependant; si les malheurs des temps avaient rendu impossible ce dernir recours, j'attendrais que vous le dissiez avec franchise, tout résigné déjà que je suis à retourner moi-même tenir prison, comme l'empereur m'en somme, en cas d'inexécution du traité. »

L'impression que devait produire sur l'assemblée ce simple discours n'était pas douteuse : le clergé, les seigneurs et l'ordre judiciaire délibérèrent séparément. Puis le cardinal de Bourbon (frère du duc de Vendôme et du comte de Saint-Pol) offrit au roi, au nom du clergé, l'énorme somme d'un million trois cent mille écus, pourvu que celui-ci promît de travailler de tout son pouvoir à la liberté du Saint-Père (Rome venait d'être saccagée par les bandes du connétable de Bourbon), et de concourir à l'extermination du luthérianisme. Le duc de Vendôme, organe de la noblesse, déclara qu'elle était prête à employer corps et biens au service du roi ; et les parlemens, quoiqu'ils représentassent uniquement l'ordre judiciaire, et n'eussent aucun droit de parler au nom du tiers-état, déclarèrent que le roi pouvait *saintement et justement* lever sur ses sujets deux millions d'écus pour la rançon de ses fils et les nécessités du royaume. Quant à l'offre de retourner en Espagne, elle fut rejetée unanimement, et le traité de Madrid fut déclaré *nul* de plein droit, n'ayant pas été contracté librement.

Ces sacrifices étaient immenses assurément, la proposition en avait été spontanément faite, et ils venaient d'être en quelque sorte votés par acclamation, lorsqu'un bruit étrange se fit entendre à l'extérieur du Palais : des cris, des *vivat* retentissaient; la nouvelle du bon accord du monarque et des délégués de la nation ne pouvait être connue encore au dehors, cependant : bientôt l'aspect du héraut *Guyenne*, qui s'avançait d'un pas solennel vers le trône où siégeait le roi, donna l'explication de cette rumeur étrange. Après avoir mis un genou en terre pour recevoir l'agrément du roi, *Guyenne* fit connaître la réponse faite aux propositions de Bayonne, par l'empereur, qu'il avait rejoint dans sa ville de Burgos. « Le roi de France a fait lâchement et méchamment, avait dit Charles-Quint, de n'avoir pas gardé la foi que j'avais de lui, selon le traité de Madrid; je le lui maintiendrai de ma personne à la sienne. »

Le roi pâlit à cette menace de l'empereur, et d'une voix agitée par la colère :

— Eh bien! monsieur, dit-il à l'ambassadeur d'Espagne placé non loin de lui, que dites-vous de cette bravade?

— Sire, j'avais prévu la réponse, fit le Castillan; et les propositions que pourrait faire votre majesté, d'après le lit de justice de ce jour, n'auraient pas d'autres résultats : l'exécution du traité ou rien, tel est le ferme vouloir de l'empereur.

— Eh bien! s'écria François en se levant avec impétuosité, et menaçant l'orient du poing, nous, François, par la grâce de Dieu, roi de France, seigneur de Gênes, etc., à vous, Charles, par la même grâce, élu empereur de Rome et des Espagnes, vous faisons entendre que si vous nous avez voulu ou voulez charger de choses qu'un gentilhomme aimant son honneur ne doive faire, nous disons que vous avez menti par la gorge, et qu'autant de fois vous le direz, vous mentirez; par quoi, désormais ne nous écrivez aucune chose, mais nous assurez le champ, et nous vous porterons les armes, protestant que la honte de tout délai sera vôtre, vu que, venant au combat, c'est la fin de toute écriture!

Et au milieu du frémissement de surprise

et de terreur qu'excitait cette déclaration véhémente :

— Héraut du roi de France, continua-t-il en s'adressant à *Guyenne*, portez ce cartel à l'empereur, et qu'il y réponde, s'il n'est pas un lâche! Pour vous, monsieur l'ambassadeur impérial, dit-il en se tournant vers le Castillan, vous n'avez que faire à Paris, et bien ferez de quitter la ville en hâte.

Ainsi se termina cette séance ouverte sous de si imposans auspices ; chacun se retira plein de douleur, et bientôt l'annonce d'un duel entre les deux plus puissans monarques de l'Europe préoccupa tous les esprits.

Mais cette affaire, entamée d'une manière si dramatique, devait avoir, après de longs délais, le plus mesquin des résultats. Charles-Quint ne reçut le défi que plus de trois mois après. Au lieu de *finir toutes écritures*, comme le demandait François Ier, et de régler immédiatement le lieu et les conditions du combat, il expédia *Bourgogne*, son héraut, avec une longue réplique. Arrivé à Paris le 9 septembre, après un voyage entravé de mille lenteurs, *Bourgogne* fut conduit au Palais, où le roi siégeait dans le même appareil que le jour du lit de justice. Avant que le héraut eût ouvert la bouche, François Ier commanda brusquement à ce messager de lui remettre *l'assurance du champ*, s'il la tenait de l'empereur. Le héraut ne voulut point remettre cette *assurance* avant d'avoir lu au roi la lettre et le cartel de Charles-Quint. François, avec un emportement et une obstination singulière, refusa de permettre à *Bourgogne* de remplir son ministère. Cet officier, fidèle au cérémonial et à l'esprit de la profession héraldique, ne céda pas, et le roi, le laissant partir, refusa de recevoir la réponse de l'empereur.

Certes, il ne fallait pas moins que le souvenir des grands coups d'épée de Marignan et de Pavie, pour qu'une telle conduite ne ruinât pas le renom chevaleresque de François Ier.

IX

LE MARÉCHAL DE BIEZ ET SON GENDRE COUCY-VERVINS.

(1545.)

C'est une carrière toute de félicité de nos jours que celle des grands emplois publics; et, malgré les menaçantes rigueurs de la fiction constitutionnelle, le plus grand malheur qui semble désormais pouvoir atteindre un ministre inhabile ou prévaricateur, un général exacteur ou félon, c'est d'expier, dans une riche et brillante ambassade, dans une grasse et inamovible sinécure, une disgrâce dont console d'ordinaire une fortune rapidement acquise, et l'espérance d'un de ces fréquens reviremens de système, qui trop souvent rappellent aux affaires les habiles, que, pour le bonheur du peuple, on eût voulu en voir à tout jamais éloignés.

Certes, un exemple récent pourrait donner à notre dire une apparence de paradoxe; mais, qu'on y pense, il a fallu une révolution accomplie, la chute d'un trône, l'expulsion d'une dynastie tout entière, pour que quelques conseillers de la couronne tombassent sous le ressentiment populaire; et encore la justice nationale, après les avoir frappés, a-t-elle réclamé bientôt, en leur faveur, un pardon que son indulgence trouvait assez chèrement acheté au prix d'une captivité de huit années.

Il n'en était pas de même autrefois : ce n'était pas le peuple, il est vrai, mais les grands, mais la cour, mais les monarques eux-mêmes, qui poursuivaient de leur envie, de leur haine et de leur vengeance les hommes que la fortune et la gloire semblaient s'être appliquées à combler de leurs biens. Les règnes de nos premiers rois, celui de François Ier, ceux des Valois, de Henri IV, de Richelieu surtout, car force est bien de compter Richelieu au nombre des rois de France, abondent en exemples de ces sanglantes catastrophes qui, d'un seul coup, sans péripétie, à l'improviste, précipitent un homme des degrés du trône à l'échafaud, du sommet de la fortune et des honneurs, au poteau de la Grève ou au gibet de l'infamie.

Déjà nous avons tracé le tableau de quelques-uns de ces terribles enseignemens de la fortune; la chute du brave et vertueux maréchal de Biez devait naturellement trouver place dans notre galerie rétrospective, où son nom, comme dans l'histoire, mérite d'être mis sur la même ligne que ceux de Samblaçai, de Marigny, de Gié et de Biron.

Originaire de l'Artois, et d'une famille qui, dès le commencement du quatorzième siècle, s'était distinguée dans nos guerres et avait contracté de glorieuses alliances avec les Créqui, les Mailly et les plus grands noms de ces temps, Oudart de Biez se distingua dès son entrée dans la carrière des armes, au sein d'une noblesse dont tous les membres étaient renommés déjà par leur bravoure; en 1528, il servait avec distinction en Italie, sous le comte de Saint-Pol; en 1536, on le voit décoré du grand cordon de Saint-Michel; en 1542, enfin, il reçoit le bâton de maréchal de France, et compte, dès lors, parmi les grands capitaines qui illustrent le règne de François Ier.

« Il fut un noble chevalier, dit Brantôme; la succession qu'il reçut de M. de Bayard en fit quelque preuve, car le roi François, après sa mort, lui donna la moitié de la compagnie de cent hommes d'armes de M. de Bayard. C'est un grand heur et honneur à toute personne, quand elle succède en la place d'un autre tout rempli de vertus et de valeur, et cette compagnie ne fut mal tombée à ce seigneur, car il l'employa bien. »

Nous n'entreprendrons pas ici d'esquisser la vie militaire du maréchal de Biez, un seul trait peint le rang où l'avait placé la voix de ses contemporains et de ses rivaux : « M. le dauphin (depuis Henri II), le tenait en si haute estime, qu'il voulut, au camp de Marseille, en 1544, être armé chevalier de sa main, comme François Ier l'avait été de la main du chevalier Bayard. »

Tant de réputation et de gloire, une faveur si haute et si éclatante devaient lui faire des ennemis ; en véritable homme de guerre, de Biez méprisa leurs clameurs, et se contenta de répondre par des services aux sourdes accusations que la haine accumulait dans l'ombre contre lui.

En 1545, les Anglais occupaient la Picardie presque entière, et, de là, menaçaient la capitale. Le roi commit le maréchal au commandement de son armée, remettant ainsi, en quelque sorte, sa fortune et sa couronne entre ses mains. De Biez se montra digne de cette confiance ; dès l'ouverture de la campagne il battit deux fois les Anglais et les arrêta court dans leur audacieuse entreprise. C'était au milieu de ces succès que ce brave guerrier devait trouver sa perte, et une faute qui ne lui était pas personnelle ouvrit le cours de ses infortunes.

Les Anglais attaquaient à la fois Montreuil et Boulogne. De Biez se jeta dans la première de ces deux places, qui, toute démantelée, était d'une plus difficile défense, et il y fit si bien, qu'à force de valeur et d'audace, il força l'ennemi d'en lever le siége. Il courut à Boulogne alors; il en avait confié le commandement à son gendre, Jacques de Coucy, seigneur de Vervins. Quel ne fut pas son désespoir quand il apprit que ce jeune homme, sans expérience de la guerre, avait eu la faiblesse de rendre la place aux Anglais, et de se laisser lui-même faire prisonnier.

Le dauphin cependant, de son côté, venait au secours de Boulogne; il arriva trop tard et essuya l'affront de voir l'Anglais braver ses vaines démonstrations de siége et d'attaque. Dans son ressentiment, il attribua son mauvais succès, non seulement à la lâcheté de Coucy, mais encore au mauvais vouloir du maréchal, qui n'avait eu d'autre tort que de se tromper dans son choix, et de croire qu'en unissant Vervins à son sang, il lui avait communiqué quelque part de son rare et mâle courage.

Aux plaintes du dauphin, François Ier n'accorda qu'une demi-confiance; et, pressé de reconquérir Boulogne, ce fut à de Biez lui-même qu'il se fia encore du soin de l'assiéger. Le maréchal se rendit en hâte devant la place et commença les travaux qui devaient assurer le succès de son entreprise. Le roi lui avait commandé de construire un fort près de la tour d'Ordre; ce fort fut, par l'ordre du maréchal, construit à un quart de lieue au-dessous du lieu prescrit, et ce fut plus tard un des chefs d'accusation que l'on éleva le plus véhémentement contre lui. Toujours est-il que le maréchal conduisit le siége avec autant d'habileté que d'énergie, et qu'il ne se passa pas de jours sans qu'eût lieu quelque action meurtrière ou quelque éclatante rencontre. Ce fut même dans un des combats journaliers de ce siége que M. de Guise fut blessé au visage d'un coup de lance, dont l'honorable et martiale cicatrice lui mérita dès lors le surnom du Balafré.

Boulogne fut repris, la paix fut faite entre Henri VIII et François Ier; les Anglais rendirent leurs prisonniers, et de ce nombre fut Coucy-Vervins.

Le dauphin voulait, dès ce moment, qu'on lui fît son procès; François Ier ne le permit pas, reconnaissant qu'il était des services signalés de son beau-père; mais, dans la même année (1547), François Ier mourut, et le dauphin, montant sur le trône sous le nom de

Henri II, fut maître de suivre les mouvemens de sa colère contre le maréchal et sa famille.

Dès le commencement de l'année 1548, en effet, donnant un libre cours à son ressentiment, Henri adressa une commission au Parlement pour instruire le procès du maréchal et de son gendre : ils furent arrêtés immédiatement et déposés, Coucy dans le château de la Bastille, de Biez dans la prison de la conciergerie.

Contre le premier, le procès ne pouvait être long; à peine entendit-on sa défense. Boulogne, rendu aux Anglais, était un fait dont il ne pouvait rejeter la faute sur personne. Il fut condamné à avoir la tête tranchée en place de Grève, et ses biens confisqués pour réparation à la couronne.

Le maréchal ne pouvait être condamné si légèrement; on n'aurait osé inculper sa bravoure; on l'accusa « d'infidélité, de déloyauté, de pratiques, de menées avec les ennemis du roi; de larcin et de péculat, de faussetés et de déguisemens de nom et de seing faits par ses ordres, de violences, d'extorsions, d'empêchemens donnés au fait de la justice, de pilleries, d'oppressions des peuples, de bris de prison, de subordination de témoins et autres délits et malfaçons. »

L'accusation, comme on voit, était bien vague ; le maréchal, homme de courage, mais de peu de lumières et de capacité hors des affaires de la guerre, se défendit mal, répondant simplement qu'il n'avait rien fait que les généraux d'armées n'eussent accoutumé de faire : sur un seul point, il s'emporta, et son honneur blessé lui donna la force de présenter une éclatante justification. On lui reprochait d'avoir fait passer des passe-volant dans sa compagnie d'hommes d'armes, pour gagner des payes : « Le fait est vrai, dit-il, et j'ai retiré de ce moyen de fortes sommes ; mais là où mes ennemis veulent trouver un crime odieux, il n'y a qu'un fait honorable, et l'emploi de l'argent des passe-volant ennoblit la source où je l'ai puisé. » Le machal, en effet, prouva que cet argent lui avait servi pour soudoyer des espions en Flandre, afin de se tenir au courant de ce qui se passait dans le pays ennemi et d'assurer le succès des armes du roi.

Montluc prit hautement sa défense. « Qu'on ne me parle pas de sa bravoure, dit-il, car à ce siége de Boulogne, les Anglais étant sortis pour venir sommer la bataille, ils chargèrent notre cavalerie, qui se mit en déroute, et, voyant le désordre des gens de cheval, le maréchal courut au bataillon des gens de pied, et leur dit : — Mes amis, ce n'est pas avec la cavalerie que j'espérais gagner la bataille ; c'est avec vous, qui êtes de braves gens ; et il mit pied à terre ; et, prenant une pique d'un soldat à qui il bailla son cheval, il se fit oster ses éperons et commença la plus belle retraite ; elle dura quatre heures sans que sa troupe eût été entamée, faisant à chaque pas tête aux ennemis dont l'infanterie et la cavalerie l'entouraient. Voilà ce qu'il fit pour la dernière fois, étant en l'âge de soixante-dix ans.

« Et n'a-t-il pas toujours également bien servi le roi ? continua Montluc. Que l'on demande à M. le cardinal de Lorraine, qui est celui-là qui lui bailla la plus grande transe ; car à Poissy, lors de l'assemblée que le roi fit des chevaliers de l'ordre, il le lui reprocha et vinrent fort avant en paroles. Je suis trop petit compagnon pour le nommer, encore que j'y fusse ; aussi il y a des dames mêlées ;

mais j'oserai engager mon âme que le maréchal ne songea jamais à faire acte méchant contre le roi. »

Cependant, la défense de de Biez, les nobles efforts du brave Montluc, les supplications de sa femme et de sa famille, une démarche des maréchaux de France et des chevaliers de l'ordre, ses confrères, tout fut inutile : le maréchal de Biez, déclaré, le 26 juin 1551, « atteint et convaincu du crime de lèse-majesté, fut condamné, pour réparation, à être privé de tous états, honneurs, dignités, à être décapité sur un échafaud qui serait élevé à cet effet en place de Grève ; et, avant d'être procédé à l'exécution, il fut ordonné qu'il serait appliqué à la question extraordinaire, pour avoir de sa bouche la révélation de ses complices. »

Par un *retentum* du même jour, il fut dit que le maréchal ne serait que présenté à la question extraordinaire, mais qu'elle ne lui serait pas donnée.

Dès le lendemain, le roi commua la peine de la décapitation en celle de la prison perpétuelle; mais le maréchal n'en monta pas moins sur l'échafaud, et le supplice qu'il y subit fut cent fois plus cruel que la mort.

Conduit à la Grève, dans le même tombereau que son gendre Coucy-Vervins, il assista au supplice de ce malheureux jeune homme, qu'il s'efforça en vain de soutenir de sa mâle parole et du noble exemple de sa fermeté; puis, lui-même, lorsque la tête de Coucy eut roulé sur l'échafaud, il fut, de la main sanglante du bourreau, dépouillé du collier de l'Ordre de Saint-Michel, dégradé de noblesse et déchu de sa dignité de maréchal de France; et de la place de Grève, où venaient d'être flétris ses cheveux blancs, il partit pour le château de Loches, où devait s'user le reste de ses jours dans les rigueurs d'une étroite prison.

La chute du maréchal de Biez fut une des taches du règne de Henri II; il ne tarda pas à le sentir lui-même; le peuple n'y voyait qu'une lâche et barbare vengeance; la cour, qui pardonne si vite à ceux dont elle ne craint plus la faveur, demandait hautement son rappel; Henri ne tarda pas à l'accorder; mais il était trop tard, le coup qui avait frappé le maréchal avait été trop brusque et trop violent, et, à peine rendu à la liberté, le noble vieillard mourut de douleur à Paris dans sa maison du faubourg Saint-Victor (1551).

Vingt ans plus tard, sous le règne de Henri III, la mémoire du maréchal de Biez et celle de Jacques de Coucy, seigneur de Vervins, furent complétement réhabilitées. En vertu de lettres-patentes de 1575, le Parlement eut mission de revoir le procès en son entier; et, comme il arrive d'ordinaire, le jugement prononcé alors fut la contre-partie de celui rendu en 1551. Non seulement les accusations portées contre le maréchal furent déclarées dénuées de preuves, fausses et de pure invention, mais Jacques de Coucy lui-même fut reconnu innocent et irréprochable de tout point. La preuve fut acquise que ce n'était qu'après avoir soutenu un assaut et avoir vu sa garnison considérablement affaiblie, une brèche faite à la place, et les Anglais prêts à s'en emparer de vive force, qu'il avait rendu Boulogne. En conséquence, sa mémoire et celle du maréchal furent réhabilitées, et on leur fit, en 1577, aux Augustins de Paris, de magnifiques obsèques, où assistèrent la cour, le Parlement, et Valois, héraut d'armes du roi, qui, commis par exprès commandement, déclara hautement, après le service terminé, que M. le maréchal de Biez et le sire de Coucy-Yervins avaient été injustement condamnés, et que leur mémoire était pure et sans tache

X

MONTGOMMERY.

(1562.)

Le nom du comte de Montgommery n'est guère connu dans l'histoire que par le funeste événement qui en coûtant la vie au roi Henri II, mit fin en France à cette fureur de jeux guerriers qui, trop souvent, dégénéraient en combats sérieux et avaient coûté à la patrie un sang précieux pour sa défense.

La valeur de Montgommery cependant, son influence sur les événemens de son époque, la terrible vengeance surtout, tirée par Marie de Médicis de son malheur ou de son imprudence, eussent suffi pour faire passer à la postérité sa mémoire, comme celle d'un des hommes les plus diversement traités dans les reviremens de la fortune.

Fils du seigneur de Lorges, un des plus vaillans guerriers du seizième siècle, et petit-fils de Robert, cousin de Jacques Ier, venu en France au commencement du règne de François Ier, dont il commandait la garde écossaise, Montgommery avait hérité de la valeur et de l'esprit aventureux de ses pères. Bien jeune encore, il passait, en 1545, en Ecosse à la tête du secours que François Ier envoyait à la reine Marie de Lorraine, mère de l'infortunée Marie Stuart. Déjà il s'était fait un grand renom de bravoure. « C'était, dit Brantôme,
« le plus nonchalant en sa charge, et aussi
« peu soucieux que possible, car il aimait fort
« ses aises et le jeu ; mais lorsqu'il avait une
« fois le cul en selle, c'était le plus vaillant
« et le plus soigneux capitaine qu'on eût pu
« voir. »

C'était aux yeux de François Ier la meilleure recommandation qu'être vaillant homme de guerre ; aussi n'avait-il pas tardé à accorder à Montgommery toute son affection et son estime. Henri II, en montant sur le trône de son père, conserva dans sa faveur le capitaine de la garde écossaise, et lui donna dès son avénement, un témoignage éclatant de sa confiance dans une circonstance bien délicate et bien fâcheuse. C'était en 1559, le roi s'était rendu au Parlement pour l'enregistrement de divers édits ; plusieurs membres de l'illustre corps, parmi lesquels on signala surtout les conseillers Anne Dubourg et Faur, qui avaient embrassé les nouvelles doctrines religieuses, déclamèrent avec chaleur contre les mœurs de l'Eglise romaine, et se permirent des applications directes sur les dissolutions et les excès du roi lui-même et de sa cour ; Henri ordonna à Montgommery d'arrêter les deux audacieux conseillers et de les conduire à la Bastille. Montgommery exécuta immédiatement cet ordre, bien qu'il partageât les opinions politiques et religieuses de Faur et de Dubourg, et dût faire céder en cette occurrence ses sympathies et ses convictions à l'austère sévérité du devoir (1).

Ce fut peu de temps après qu'arriva le malheur qui coûta la vie à Henri II. Ce monarque venait de conclure le double mariage de sa fille et de sa sœur. Au milieu des fêtes magnifiques qu'il donnait à cette occasion, un tournoi eut lieu, dont la rue Saint-Antoine fut le théâtre. Le prince, jaloux de faire montre de son adresse remarquable dans tous les exercices du corps, se mit au nombre des joûteurs. Le troisième jour du tournoi (30 juin), Henri se retirait avec les honneurs du combat, quand il avisa à un des poteaux du champ deux lances demeurées suspendues et qui n'avaient pas été employées. Il en prend une aussitôt et ordonne à Montgommery de s'armer de l'autre. Le capitaine, plus adroit, plus fort, plus habile, résiste et n'obéit que quand il voit le roi sur le point de se fâ-

---

(1) Anne Dubourg et son malheureux collègue furent pendus quelque temps après, malgré les démarches du Parlement et les énergiques protestations des partisans de la nouvelle croyance.

cher de sa résistance. Bientôt le signal fut donné : le premier choc des combattans fut terrible : la lance de Montgommery s'était rompue dans sa main, et, par une imprudence qu'explique la chaleur du combat, il avait négligé d'en jeter le tronçon, alors que son cheval l'emportait encore : le roi en fut atteint avec tant de violence, que la visière de son casque se levant, laissa passage au bois de la lance, dont un éclat entra au-dessus de l'œil droit et traversa la tête de part en part. Le malheureux prince tomba en perdant connaissance, et ne revint à lui, onze jours après, qu'au moment de la mort.

Après un événement si fatal, Montgommery ne pouvait demeurer à la cour. Si son innocence le mettait à l'abri de toute recherche, elle ne pouvait le garantir de la haine d'une reine violente et passionnée : il se retira dans ses terres de Navarre, d'où, ne se croyant pas en sûreté, il ne tarda pas à partir pour voyager en Italie et en Angleterre.

L'année 1562 vit éclater la première des terribles guerres de religion qui, trente ans durant, devaient désoler la France. Zélé sectateur de la nouvelle croyance, Montgommery crut devoir revenir dans sa patrie, et, oubliant que, chargé d'un régicide involontaire, son devoir était sans doute de se consacrer à la défense de la veuve de Henri et des enfans de France qu'il avait faits orphelins, il appuya du secours de sa renommée et de son bras les réclamations des calvinistes, et se fit bientôt remarquer au nombre des plus redoutables ennemis de ce trône qu'il avait défendu si vaillamment sous deux rois.

Nous ne dirons pas ici les combats que Montgommery livra pendant une année entière dans la Normandie, ni le siége qu'il soutint dans Rouen, ni ses efforts désespérés, ni sa fuite miraculeuse : l'édit de pacification de 1563 mit fin, pour un moment, à ces déplorables luttes ; mais, dès 1565, une guerre nouvelle s'alluma ; et Montgommery s'y montrant plus actif, plus entreprenant que jamais, défit en diverses rencontres les troupes royales, et finit par s'emparer de la presque totalité du Béarn.

Ce fut alors que le Parlement de Paris prononça contre lui et l'amiral Coligny une condamnation capitale, et que tous deux furent exécutés en effigie. La paix de Saint-Germain annula l'arrêt sévère du Parlement et permit à Montgommery de reparaître dans la capitale ; mais cette paix n'était qu'un piége, et devait se dénouer par les horreurs de la Saint-Barthélemy. Prévenu à temps le jour du massacre, Montgommery, qui demeurait au faubourg Saint-Germain, parvint à fuir avec quelques amis malgré l'acharnement des assassins qui le poursuivirent jusqu'à Monfort-l'Amaury. « Ce fut à la vitesse de la jument qu'il montait qu'il dut uniquement la vie, dit un chroniqueur qui nous fournit ces détails, car sur cette bête secourable, il fit trente lieues tout d'une erre. »

A travers mille périls, Montgommery, après avoir gagné d'abord l'île de Jersey, se rendit précipitamment en Angleterre ; mais il n'était pas homme à laisser sans vengeance la mort de ses frères, et son unique but, en paraissant à la cour, était d'obtenir des secours pour les huguenots assiégés alors dans La Rochelle par le duc d'Anjou. Ses efforts furent couronnés de succès, et bientôt La Rochelle, ravitaillée par ses soins, se trouva en état d'opposer une ferme résistance. Il passa en Normandie alors, se rendit maître de Caremán, de Valognes, mit tout le pays à contribution, et porta l'alarme jusque près des portes de Paris.

L'armée royale tenta un dernier effort alors, et, sous les ordres du seigneur de Matignon, se porta tout entière à sa rencontre. Contraint de plier devant des forces si inégales, Montgommery se renferma dans Saint-Lô, où bientôt il fut investi. Après un siége de cinq jours, assailli de toutes parts, réduit à quatre cents hommes, et hors d'état de défendre la place, il résolut de s'ouvrir un passage de vive force, et y parvint, en effet, en traversant au milieu du feu et suivi de quelques cavaliers seulement, toutes les lignes de l'armée royale.

Il se jeta dans Domfront en désespéré, mais Matignon ne tarda pas à l'y suivre. Là, recommencèrent les combats acharnés, les assauts de toutes les heures; épuisé d'hommes, manquant de vivres, de munitions, menacé par les bourgeois qui voulaient se rendre, force lui fut enfin de capituler le 6 de mai 1574.

Montgommery n'avait dans sa capitulation, demandé que la vie sauve, mais Matignon connaissait l'implacable haine de Médicis, et n'avait voulu, à ce qu'assure du moins Daubigné, promettre au prisonnier la vie et les égards dus au malheur, qu'autant qu'il resterait entre ses mains.

La joie de la reine fut extrême à la nouvelle de la prise de Montgommery; elle voulut la faire partager à Charles IX; mais le malheureux roi, comme préoccupé déjà de la mort précoce qui le menaçait, se contenta de lui répondre : « Je me soucie de cela comme de toute autre chose. » Le prisonnier cependent était amené en hâte à Paris ; M. de Matignon l'accompagnait, et grande fut, assure-t-on, sa surprise quand la reine, sans consentir à le voir, ordonna de le conduire à la Conciergerie et de le déposer dans la plus sûre de ses tours, qui depuis a conservé son nom.

Le procès de Montgommery fut rapide. La reine avait à venger la mort de Henri; le Parlement avait à venger son antique offense; on n'eut aucun égard aux édits de pacification, et le prisonnier fut accusé de complicité dans la conspiration de Coligny. Détruire cette accusation lui était facile ; on en substitua une autre au moment du jugement, et l'arrêt qui le condamna à perdre la tête fut principalement motivé sur le crime d'avoir arboré le pavillon étranger quand il était venu au secours de La Rochelle : l'arrêt du reste dégradait de noblesse sa postérité, ainsi que ses frères et neuf de ses fils.

Montgommery, après avoir subi le premier supplice d'une barbare et inutile question, fut traîné dans un tombereau à la Grève, au milieu d'une populace furieuse, ameutée contre lui par les prédicateurs et la cour. Vêtu de noir, les traits pâlis par la douleur qui l'avait rompu sans pouvoir lui arracher une plainte, il monta d'un pas ferme sur l'échafaud et écouta attentivement la lecture de sa sentence. Au passage qui prononçait la dégradation de ses fils : « S'ils n'ont la vertu des nobles pour s'en relever, dit-il fièrement, je consens à leur dégradation éternelle ! » La lecture finie, il adressa un long discours au peuple placé du côté de la rivière. Il y justifiait sa conduite, et rendait témoignage à la vertu et aux intentions de Coligny. Se retournant ensuite vers la foule, assemblée de l'autre côté de la place, il répéta à peu près les mêmes paroles ; puis, se livrant à l'exécuteur, il reçut le coup de la mort, debout, la tête haute et sans manifester la moindre émotion.

Ainsi périt, le 27 mai 1574, Montgommery. Malheureux d'abord, plus tard coupable, et que la haine de Médicis immolait en reine et en femme au mépris de tous les traités.

XI

LE MARÉCHAL DE MARILLAC.

(1572).

Si le cardinal de Richelieu fut le plus puissant des ministres dont fasse mention notre histoire, il fut aussi, on ne peut le méconnaître, celui dont la fortune excita le plus de mécontentemens et de troubles, et suscita contre lui le plus grand nombre d'ennemis secrets ou déclarés.

Parmi eux, et après la reine mère, dont

son ingratitude lui avait attiré l'implacable haine, les deux frères Marillac, l'un garde des sceaux, l'autre maréchal de France, furent les plus redoutables peut-être, ou ceux du moins dont la hardiesse et l'habileté mirent davantage sa toute-puissance en péril. La vengeance qu'en tira le cardinal fut terrible; mais telle était l'horreur qu'il inspirait à la France, que le funeste sort du maréchal de Marillac sa victime, demeura impuissant à effrayer ses ennemis et à arrêter leurs complots et leurs entreprises.

Né en 1572, Marillac, après avoir servi avec distinction sous Henri IV, avait été nommé maréchal-de-camp au pont de Cé, où il s'était distingué par sa valeur brillante; chargé au siége de La Rochelle des importans et difficiles travaux de la digue, il s'en était acquitté avec autant d'habileté que de zèle; bientôt, promu au commandement de l'armée de Champagne et devenu gouverneur de Verdun, il avait donné de nouvelles preuves de sa supériorité dans l'art de la guerre et dans l'administration des provinces, et le bâton de maréchal avait été, dans l'année 1629, la récompense de son haut mérite et des services importans qu'il avait été assez heureux pour rendre à l'Etat.

Au commencement de 1631, Louis XIII étant tombé malade, à ce point que peu d'espérance resta de sauver ses jours, la reine-mère et l'ambassadeur d'Espagne s'unirent pour renverser le pouvoir de Richelieu; les deux frères Marillac entrèrent avec ardeur dans cette sorte de ligue qui, à force d'obsessions, de soins, de prières, ne tarda pas à obtenir du faible monarque la promesse de la disgrâce du ministre.

La santé du roi se rétablit cependant, mais sa bonne intelligence avec sa mère, la confiance qu'il témoignait à l'ambassadeur, la faveur dont il donna de nouvelles preuves aux frères Marillac, attestèrent que sa résolution était irrévocablement prise, et que l'empire qu'avait si long-temps exercé le cardinal sur son esprit, était désormais détruit sans retour.

Justement alarmé, Richelieu voulut connaître du moins les accusations que l'on élevait contre lui : il se rendit près du monarque, mais au moment où il pénétrait par une porte dérobée dans la chambre de Louis, celui-ci venait de renouveler à sa mère la promesse de le disgracier complétement.

— Tenez! le voilà, s'écria le roi en le voyant s'avancer avec assurance.

— Je crois que vous parliez de moi, dit le cardinal portant sur la reine un regard scrutateur.

— De vous? non pas! répondit celle-ci avec un dédaigneux sourire.

— Avouez-le, reprit le ministre, votre majesté était sur mon chapitre.

— Eh bien! oui, répliqua la reine outrée à la fois de ces questions et de la façon dont elles étaient faites; et, renonçant à toute mesure, elle l'accabla des plus véhémens reproches, le menaça de toute sa colère, et lui annonça la disgrâce que venait de prononcer contre lui son fils.

Le roi sortit sans adresser la parole au cardinal qui se regarda comme perdu dès ce moment, et commença à préparer sa retraite. Sa ruine parut d'autant plus certaine, que, le jour même, Louis remit au garde des sceaux

Marillac une lettre pour le maréchal son frère, commandant alors l'armée de Piémont, dans laquelle il lui donnait pouvoir de conclure la paix, à son gré, ou de continuer la guerre.

Alors Richelieu pressa son départ, et ses mulets avaient déjà porté une partie de ses richesses à trente-cinq lieues sans passer par aucune ville, précaution nécessaire contre la haine publique, lorsque le cardinal de la Vallette et quelques amis dévoués lui conseillèrent de tenter un dernier effort auprès du roi.

Sa disgrâce était un fait accompli alors ; la cour et la ville s'en félicitaient, et déjà les méchans bons mots, les épigrammes acérées, les sarcastiques couplets célébraient à l'envi sa ruine, lorsque, le 11 novembre 1630, il alla trouver le roi, et demeura enfermé dans son cabinet pendant la matinée tout entière. Que se passe-t-il dans cette entrevue? C'est ce que ne nous apprend pas l'histoire. Toujours est-il, que le roi qui avait sacrifié son ministre par faiblesse, se remit par faiblesse entre ses mains, manquant ainsi aux promesses jurées à la reine, défaisant tout ce qu'il avait fait, et abandonnant à la discrétion du cardinal les ennemis qui avaient juré sa perte. Ce jour, que l'on appela *la journée des dupes*, fut, en effet, celui qui assura le pouvoir absolu du premier ministre. Dès le lendemain, le garde des sceaux Marillac était arrêté, et un huissier du cabinet du roi partait en toute diligence portant aux maréchaux de la Force et de Schomberg l'ordre de s'assurer de la personne du maréchal de Marillac au milieu même de l'armée dont il avait le suprême commandement.

Après de brillans avantages remportés sur un ennemi supérieur en nombre, le maréchal de Marillac, retranché dans son camp de Foglizzo, venait de recevoir les lettres où le roi, le félicitant du succès de ses opérations, l'assurait de sa confiance et lui prodiguait de nouvelles marques de sa faveur, lorsque le maréchal de Schomberg, suivi de l'huissier de la cour, se présentant dans sa tente, lui demanda son épée en lui signifiant, au nom du roi, l'ordre d'arrestation dont l'exécution lui était commise.

Marillac, surpris d'abord, reconnut la main

d'où le coup était parti, et remit son épée sans résistance. Le soir même il quittait le Piémont et son armée, pour se rendre au château de Sainte-Menehould qui lui était assigné provisoirement pour prison.

Le maréchal connaissait son ennemi ; il crut devoir d'abord employer avec lui le parti de la soumission, et lui écrivit une longue lettre dont nous ne reproduisons que les principaux passages :

« Monseigneur, j'appelle Dieu et le monde à témoin, et oserais-je bien vous y appeler vous-même, que je n'ai jamais mérité la discontinuation de votre protection, soit par manquement de fidélité et de zèle au service du roi mon maître, ni par aucun défaut volontaire ou discontinuation de l'affection que j'y ai depuis si long-temps professée et marquée de tant de devoirs et d'obéissance. Quoique je fasse une entière réflexion sur ma vie passée, je ne puis trouver en moi que le même désir que j'ai toujours eu de paraître fidèle à mon roi, et très affectionné à vous servir.

« Néanmoins, je me vois tout à coup grandement abandonné sans pouvoir imaginer qui en peut être la cause, si ce n'est mon propre malheur.

«....Oui, monseigneur, j'ose croire que les actions de ma vie passée aideront à reconnaître mon innocence. Aussi, est-ce de votre bonté que j'ose tout attendre, assuré que je suis que vous ne serez point insensible aux plaintes d'un innocent malheureux que l'on veut rendre misérable sur le déclin de ses jours. C'est beaucoup faire pour un infortuné gentilhomme que de lui sauver la réputation ; la mienne, monseigneur, court fortune de perte, si les marques de l'indignation du roi continuent contre moi ; chacun en jugera selon son caprice et sa fantaisie, le tout à mon dommage.

« Je vous supplie donc instamment, ou plutôt je vous conjure par vous-même, par notre ancienne amitié, et surtout par l'honneur que j'ai eu d'être en vos grâces, d'avoir compassion de mon malheur, et de dissiper cet orage prêt à crever sur la tête du plus infortuné de tous ceux qui ont été aimés de vous ; conservez-moi une réputation glorieuse, acquise depuis si long-temps, recherchée par le travail, par la vertu, et par toutes les voies les plus justes et les plus honorables qui puissent chatouiller l'esprit d'un fidèle serviteur du roi.

« ....J'ai assez de cœur, et trop d'horreur pour les mauvaises actions pour me condamner moi-même, sans attendre la colère du roi, si j'étais assez malheureux pour ne l'avoir pas toujours servi très fidèlement; mais je suis aussi assuré de la pureté de mes actions et de la conduite de ma vie, comme d'avoir toujours désiré d'être éternellement, monseigneur, votre très humble et très affectionné

« DE MARILLAC.

« 22 novembre 1631. »

Cette lettre fut sans effet ; la reine-mère fit d'inutiles efforts pour soustraire Marillac à la vengeance du cardinal. Peu content de le priver du droit d'être jugé par les chambres du Parlement assemblées, Richelieu le fit paraître devant une commission réunie à Verdun, et de laquelle il se croyait sûr d'obtenir sans délai une condamnation capitale. Cette commission trompa son attente, et admit l'accusé à se justifier sur les faits de concussion qui lui étaient imputés : le cardinal fit casser l'arrêt, et, au mépris de toutes les lois, de tous les usages, fit transporter le maréchal à Ruel, dans sa propre maison, où il installa une nouvelle commission, composée de ses créatures, et chargée de suivre d'urgence l'instruction de ce procès, dont l'issue devenait trop lente à son gré.

Ainsi Richelieu foulait fièrement aux pieds les lois de l'Etat ; celles de l'Eglise ne furent pas respectées davantage. Le nouveau garde des sceaux, Châteauneuf, qui venait de succéder dans sa dignité au propre frère du maréchal, fut nommé président, quoiqu'il fût sous-diacre. Le cardinal, à la vérité, lui avait procuré, en lui confiant les sceaux du royaume, une dispense de Rome, pour l'autoriser à juger à mort.

On rechercha jusqu'aux moindres actions de l'infortuné Marillac. Quelques légers abus dans l'exercice de son commandement, d'anciens profits illicites faits autrefois par lui ou par les gens de son service, dans la construction de la citadelle de Verdun, voilà tout ce qu'on put trouver pour échafauder une accusation que l'on formula ainsi, en sept chefs différens : 1° malversation en la fortification de Verdun sur les deniers, sur la conduite et sur les profits illicites ; 2° mauvais gouvernement des armées, et malversations en l'emploi des deniers du roi ; 3° abus et profits illicites sur le pain de munition ; 4° faussetés de quittances avec les comptables ; 5° divertissement de quatre cent mille livres, fournies par le roi, au paiement des maisons prises et démolies à Verdun pour la citadelle ; 6° application à son profit des nouveaux officiers des fortifications aux trois évêchés, et des deniers de l'enchère jetés sur l'élection de Bar-sur-Aube ; 7° enfin, vexation du peuple verdunois et voisins, sur lesquels premièrement sera faite sommaire réponse, avant que d'entendre les branches sur le menu.

Le maréchal se défendit avec énergie.

« Chose étrange, dit-il, qu'un homme de mon rang soit persécuté avec tant d'injustice et de rigueur. Il ne s'agit dans tout mon procès que de foin, de paille, de pierres et de chaux.

« Toute cette grande instruction, où plus

de trente mains de papier sont employées, se réduit en sept chefs principaux, ou plutôt prétextes d'accusation dont il n'y en a pas un seul qui, bien examiné, ne se trouve faux et malicieusement supposé. Ainsi, la citadelle de Verdun qui, en circuit et en ouvrages occupe plus d'un tiers de terrain que celle d'Amiens, de qui les bastions sont plus grands de corps et d'élévation, et dont tout le fossé est en roc vif, a été plutôt élevée et mise en défense que la moitié de l'autre. Elle a moins coûté au roi que celle d'Amiens, etc.

« Le deuxième chef est entièrement faux, car le pays sur lequel mon commandement d'armée s'est étendu, n'a fait aucune plainte, ni de maisons brûlées, ni de marchands détroussés, ni de labourages interrompus, ni de paysans battus et rançonnés, en onze mois consécutifs que j'ai commandé une armée de vingt-cinq mille hommes et de deux mille cinq cents chevaux; encore que pendant tout ce temps l'infanterie n'ait été payée que de quatre mois en quatre mois, et la cavalerie de deux en deux.

« Le troisième chef est aussi faux que les

autres. Jusqu'au jour où j'ai quitté l'armée par ordre du roi pour aller en Piémont, le pain de munition a été si bien et si réellement fourni de l'argent du roi et du mien, qu'il ne se trouve pas un soldat qui dise en avoir manqué un seul jour, ou que le pain n'ait pas été du poids et de la nature qu'il doit être, si bien qu'au lieu d'y avoir fait ce profit illicite qui m'est reproché, le roi me doit, et à mes préposés, à cause de ladite fourniture, trente mille livres, dont les acquits et quittances font foi.

« Sur le quatrième, je dis que les quittances présumées fausses ont été faites, non par moi, mais en mon absence, et long-temps depuis mon département : ainsi on ne peut me les imputer. Au fond, d'ailleurs, il n'y en a pas une seule dont on m'ait parlé qui soit fausse ; elles peuvent être seulement défectueuses pour la forme, dont il se faut prendre aux commis des trésoriers, non à autres.

« Sur le cinquième, la calomnie est détruite par elle-même, puisque quand même, ce qui n'est pas vrai cependant, le roi aurait fourni l'argent nécessaire au remboursement des maisons démolies, il était impossible que le maréchal l'eût appliqué à son profit, puisque, hors la personne du roi et celle du surintendant, il n'y en a aucune en France qui eût pu changer ou divertir l'emploi, n'en déplaise à ceux qui ont porté cette accusation. »

Marillac finit en se justifiant des vexations qu'on lui imputait : « Si ce pays, dit-il, depuis sept années, a fait des dépenses en logemens de guerre, en corvées d'hommes et fournitures de denrées pour la citadelle, ç'a été pour le roi; si le pays a fourni quelque contribution en mon nom, c'est sans ordonnance de moi, soit écrite, soit verbale; mais par des fripons qui, durant mon absence, auront abusé de mon autorité sans aucune charge de moi et à mon insu.

Telle fut la défense du maréchal. A de si légères accusations il opposait sa vie, toute remplie d'honneur et de bons services : ses juges le condamnèrent cependant, et, chose remarquable, l'avis pour la mort ne l'emporta que d'une voix.

Marillac apprit sa condamnation avec la tranquillité de l'innocence; il se confessa, et fut décapité le 10 mai 1632. Richelieu, pour toute grâce, fit placer l'échafaud au pied du perron de l'Hôtel-de-Ville, et à la hauteur des derniers degrés, pour éviter au maréchal l'ignominie d'être conduit en charrette au lieu du supplice.

Lorsque le greffier lui lut son arrêt, à l'article qui le déclarait coupable de péculat, il l'interrompit pour dire d'une voix ferme et élevée : « Cela est faux ! » Au dernier paragraphe qui ordonnait la levée de cent mille écus sur ses biens, il répondit : « Mon bien ne les vaut pas. »

Le chevalier du guet qui l'accompagnait à la mort, voyant sur l'échafaud le bourreau lui lier les mains, lui dit avec un profond accent de douleur et de compassion :

— J'ai grand regret de vous voir ainsi, monsieur le maréchal !

— Ayez-en regret pour le roi, et non pour moi ! répliqua Marillac avec fierté ; puis il livra sa tête à l'exécuteur.

Le maréchal de Marillac fut enterré dans

l'église des Feuillans, dans la tombe où gisait déjà son épouse : sur son buste, qui y fut placé peu après, on inscrivit cette devise commémorative de sa triste mort : *Sorte funesta clarus*. On rapporte que le prince de Condé en voyant la chétive maison de campagne à demi construite, dont on lui avait fait un grief dans le procès comme preuve de richesse mal acquise, s'écria : « Il n'y a pas là de quoi fouetter un page! » Richelieu avait, en termes qui peignaient bien son caractère, exprimé le même étonnement de la tragique issue du procès. Après l'exécution, se trouvant en présence des commissaires qui avaient prononcé la condamnation, il dit à Châteauneuf, leur président : « Il faut avouer que Dieu donne aux juges des lumières qu'il n'accorde pas aux autres hommes, puisque vous avez condamné le maréchal de Marillac à mort : pour moi, je ne croyais pas que ses actions méritassent un pareil châtiment. »

Cette mort cependant, dont il paraissait s'étonner, il l'avait ordonnée lui-même, et Duchastelet, un des juges, était convaincu à ce point d'avoir, en la prononçant, répondu aux vœux du cardinal, qu'il publia à peu de jours d'intervalle une satire en prose latine rimée, où les plus cruelles invectives étaient prodiguées aux deux frères Marillac, dont le supplice et la disgrâce ne semblaient avoir qu'à demi satisfait l'esprit de vengeance et de haine de leur implacable ennemi.

XII

MORT DU MARÉCHAL DE BIRON.

(1602.)

Parmi les exemples frappans des grands reviremens de la fortune, la mort du maréchal de Biron est un des plus mémorables sans doute, et l'espèce de galerie rétrospective que nous entreprenons de faire passer sous les yeux de nos lecteurs serait demeurée incomplète, si nous eussions négligé d'y faire entrer cette mâle et noble figure, si rapidement poussée de la plus héroïque fidélité à la trahison, et passant de plein saut des marches élevées du trône à l'échafaud.

L'histoire de Biron est trop connue pour que nous nous appliquions ici à la reproduire dans tous ses détails, et nous nous serions bornés à en retracer succinctement les faits principaux, si la découverte heureuse de pièces originales, où le caractère de cet homme bizarre se révèle sous un jour nouveau, ne nous permettait de le montrer agissant lui-même après la découverte de son crime, expliquant ses vues, sa conduite, et exprimant à la fois ses espérances et son repentir avec une noblesse et une énergie de pensée et de langage, qui souvent rappellent les héros que Corneille devait introniser à quelques années de là au théâtre.

La vanité et l'ambition furent les causes de sa perte : Biron s'estimait à tel point ; l'idée qu'il avait de son mérite était si haute, qu'il regardait l'amitié et les faveurs de son roi comme de trop faibles récompenses : un trône seul était digne de lui, et, pour l'obtenir, il ne craignit pas de trahir son pays, de traiter avec l'Espagne, et de s'engager à livrer un tiers presque entier du royaume, à condition d'en avoir la souveraineté avec la main d'une des filles du duc de Savoie.

Un gentilhomme nommé Lafin trahit Biron. Henri IV, après avoir entendu ses confidences, après avoir reçu de lui la copie du traité passé par Biron avec l'Espagne, ainsi que la correspondance où tous les projets étaient dévoilés, voulut pardonner encore à celui qui avait été son ami. Il le pressa d'avouer son crime; mais les efforts du monarque furent sans succès, et Biron se retrancha dans un silence opiniâtre.

Les preuves étaient de la dernière évidence cependant, mais Henri ne pouvait se décider à punir le maréchal qui lui avait rendu tant et de si notables services. Résolu de tenter un dernier effort, il le fit mander, le 12 mai 1606, et vers minuit, après une soirée passée « en jeux divers et en propos pleins de gaieté, il le prit à part, et l'interpella tout à coup de lui donner le contentement qu'il sût par sa bouche ce dont, à son grand regret, il était trop bien éclairé. » Il l'assurait d'ailleurs de lui faire grâce, quelque chose qu'il eût tentée contre lui, à la seule condition d'en faire le franc et loyal aveu. Biron parut ébranlé un moment, mais se remettant bientôt, il déclara : « qu'il n'avait rien à confesser, n'étant pas venu vers son roi pour se justifier, mais pour le prier de lui dire quels étaient ses ennemis, lui en demander justice ou *se la faire à soi-même.* » Le roi refusa, et lui dit : « Allons, maréchal, je vois bien que je n'apprendrai rien de vous; je m'en vais voir le comte d'Auvergne, pour essayer d'en savoir davantage... » Et, rentrant dans sa chambre : « Adieu, baron de Biron, dit-il, vous savez ce que je vous ai dit ! »

Au même moment, et lorsque le maréchal se disposait à sortir, Vitry, capitaine des gardes, s'approchant rapidement de lui, de sa main gauche, lui saisit la main droite, tandis que de la droite il prenait son épée par le pommeau.

— Tu railles, Vitry! dit le maréchal, plus étonné que colère.

— Non, monsieur de Biron, répondit le capitaine avec respect, le roi m'a commandé de lui rendre compte de votre personne. Baillez votre épée en son nom.

— Hé! reprit le maréchal, laisse, je te prie, que je parle au roi.

— Le roi est retiré, répliqua Vitry lui barrant la porte.

— Allons! dit Biron en lui remettant son épée, prends mon épée. Tu sais ce qu'elle a fait de bons services!

Quelques jours se passèrent ainsi : le maréchal, demeuré au Louvre sous la garde de Vitry, demandant inutilement à voir le roi, et protestant de son innocence. L'ordre enfin fut donné de le conduire par eau à la Bastille; et il fut enjoint au Parlement de lui faire son procès.

Ce procès ne pouvait être long; l'issue n'en était pas non plus douteuse, en présence des pièces livrées par la trahison de Lafin; aussi la famille entière de Biron, au lieu de tâcher de le défendre, ne chercha-t-elle qu'à le sauver en implorant la pitié de Henri. Le 10 juin, le roi se trouvait dans la vaste galerie du château de Saint-Maur, entouré des princes, de Condé, du connétable, et d'une partie de la cour, lorsque cette famille éplorée vint se jeter à ses pieds; M. de La Force, frère du maréchal, était à la tête, et le roi, le relevant avec bonté, répondit en ces mots à un discours dans lequel « au nom de plus de cent mille hommes, élite de la noblesse et de l'armée, il implorait sous l'invocation de Dieu, miséricorde et pardon, et non justice, pour ce pauvre misérable. »

« J'ai toujours reçu les requêtes des amis du sieur de Biron en bonne part, ne faisant pas comme mes prédécesseurs, qui n'ont jamais voulu que non seulement les amis et parens des coupables parlassent pour eux, mais non pas même les pères et mères, ni les frères. Jamais le roi François ne voulut que la femme de mon oncle, le prince de Condé, lui demandât pardon. Quant à la clémence dont vous voulez que j'use envers le sieur Biron, ce ne serait miséricorde, mais cruauté ; s'il n'y allait que de mon intérêt particulier, je lui pardonnerais, comme je lui pardonne de grand cœur ; mais il y va de mon état, auquel je dois beaucoup, et de mes enfans que j'ai mis au monde ; car ils me le pourraient reprocher, et tout mon royaume. Je laisserai faire le cours de justice, et vous verrez le jugement qui en sera donné. J'apporterai ce que je pourrai à son innocence ;

je vous permets d'y faire ce que vous pourrez....

« Quant à la note d'infamie que vous craignez pour la famille, il n'y en a que pour lui s'il est coupable : le connétable de Saint-Pol, de qui je viens ; le duc de Nemours, de qui j'ai hérité, ont-ils moins laissé d'honneur à leur postérité ? Le prince de Condé, mon oncle, n'eût-il pas eu la tête tranchée le lendemain, si le roi de France ne fût mort ? Voilà pourquoi, vous autres qui êtes parens du sieur Biron, n'aurez aucune honte. J'ai plus de regret à sa faute que vous-même ; mais, avoir entrepris contre son bienfaiteur ! cela ne se peut supporter. »

Biron, cependant, conservait beaucoup d'espérance ; les bontés de Henri, le crédit de sa famille, ses brillans services le rassuraient ; sa sécurité commença à l'abandonner toutefois, lorsqu'il apprit le mauvais succès de l'entrevue de Saint-Maur, et lorsqu'il vit surtout qu'à dater de ce jour on n'entrait dans sa chambre que sans armes. « Ah ! s'écria-t-il alors avec indignation, je vois trop qu'on veut me faire tenir le chemin de la Grève ! »

Cependant, le Parlement poursuivait la procédure : quelques jours encore, et il allait être trop tard pour invoquer la clémence du roi. Biron se décida à écrire alors une lettre remarquable dont nous transcrivons les principaux passages :

« Sire, entre les perfections qui accompagnent la grandeur de Dieu, sa miséricorde paraît par-dessus toutes : cette miséricorde vous a été communiquée comme fils aîné de son église, et vous avez jusqu'ici ménagé divinement le sang de vos ennemis.

« Or, sire, si jamais votre majesté, de qui la clémence a toujours signalé la victoire de votre épée, désire de rendre mémorable sa bonté par une seule grâce, c'est maintenant qu'elle peut paraître, en donnant la vie et la liberté à son serviteur, à qui la naissance et la fortune avaient promis une plus honorable mort que celle qui le menace. Cette promesse de mon destin, sire, qui voulait que mes jours fussent sacrifiés à votre service, s'en va être honteusement violée, si votre miséricorde ne s'y oppose.

« Je suis votre créature, sire, élevée et nourrie avec honneur à la guerre par votre libéralité et vos exemples; car, de maréchal de camp vous m'avez fait maréchal de France; de baron, duc; et de simple soldat, m'avez rendu capitaine; vos combats et vos batailles ont été mes écoles, où, en vous obéissant comme mon roi, j'ai appris à commander les autres. Ne souffrez pas, sire, une occasion si misérable, et laissez-moi vivre pour mourir au milieu d'une armée, servant d'exemple d'homme de guerre qui combat pour son prince, et non d'un gentilhomme malheureux que le supplice défait au milieu d'un peuple ardent à la curiosité des spectacles, et impatient en l'attente de la mort des criminels. »

Biron demande ensuite, s'il ne peut verser pour le service du roi « le sang qui lui est resté de trente-deux plaies reçues en suivant et imitant son courage, » à être banni de la France, afin de pouvoir du moins combattre encore « pour le service général de la chrétienté. Si vous me faites ce bien, sire, je bénirai votre pitié; car, ayant en la place de l'épée de maréchal de France, celle de soldat que j'apportai au commencement que j'arrivai en vos armées, je serai utile au service de l'église, et pratiquerai loin de la France ce que j'ai appris de vous.

« Laissez-vous toucher, sire, dit le maréchal en terminant : voyez cette lettre de l'œil que Dieu a accoutumé de voir les larmes des pécheurs repentans, et surmontez votre courroux pour réduire cette victoire en la grâce que je vous demande. »

Cette touchante supplique n'apporta aucun changement dans la position de Biron, et, l'instruction finie, le gouverneur de Paris fut chargé de conduire le maréchal au Parlement. Il était cinq heures du matin quand cet officier se présenta à la Bastille pour lui annoncer que la Cour était réunie sous la présidence de M. le chancelier, et que l'on n'attendait plus que sa présence.

Biron s'habilla sans mot dire : un carrosse attendait hors des tours ; conduit par l'Arsenal au bord de la rivière, il entra dans un bateau couvert où se trouvaient déjà MM. de Montigny et de Vitry ; bientôt ils arrivèrent au pied du Palais, traversant la foule, qui se pressait dès le point du jour, impatiente de savoir l'issue de ce procès de tant d'importance.

Cent douze juges siégeaient dans la vaste enceinte : le maréchal, introduit au milieu d'un profond silence, se dirigea vers la sellette où tant de criminels obscurs étaient venus s'asseoir avant lui, et le greffier donna lecture des cinq chefs d'accusation portés contre lui pour trahison, lèse-majesté, machinations, etc.

« Si j'ai commis quelque faute, dit le maréchal après cette lecture, le roi me l'a pardonnée à Lyon, et il ne vous appartient pas d'en connaître. Je n'ai point obtenu de lettres d'abolition, il est vrai, mais c'est une formalité dont l'omission ne peut mettre Biron en danger; c'était au roi à me les faire expédier. Le projet de traité qui sert de base à l'accusation est de ma main, j'en conviens, mais la date en est antérieure au voyage de Lyon. Une lettre adressée à Lafin, dont vous admettez le témoignage contre moi, bien qu'il ait été mon complice, peut seule servir de prétexte à l'accusation ; mais cette lettre même démontre que j'ai renoncé à mes extravagans projets, car on y lit : « Puisqu'il a plu à Dieu de donner un fils au roi, je ne veux plus songer à toutes ces vanités, ainsi ne faites faute de revenir. »

« Mon malheur a cette consolation, messieurs, continua-t-il avec véhémence, qu'aucun de vous n'ignore les services que j'ai rendus au roi et à l'Etat : je vous ai rétablis, messieurs, sur les fleurs de lis d'où les saturnales de la ligue vous avaient chassés. Ce corps qui dépend de vous aujourd'hui, n'a rien qui n'ait saigné pour vous ; cette main, qui a écrit ces lettres produites contre moi, a fait tout le contraire de ce qu'elle écrivait. Il est vrai, j'ai écrit, j'ai pensé, j'ai dit, j'ai parlé plus que je ne devais faire ; mais où est la loi qui punit la légèreté de la langue et le mouvement de la pensée? Ne pouvais-je pas desservir le roi en Angleterre et en Suisse? Cependant, j'ai été irréprochable dans ces deux ambassades. Le roi connaît trop le fond de mon cœur pour soupçonner ma fidélité. J'ai voulu mal faire, mais ma volonté n'a pas dépassé les bornes d'une première pensée enveloppée dans les nuages de la colère et du dépit.... La reine d'Angleterre m'a dit que si le comte d'Essex eût demandé pardon il l'eût obtenu. Le comte était coupable, et moi je suis innocent! Henri peut-il avoir oublié mes services? Ne se souvient-il plus du siége d'Amiens, où il m'a vu tant de fois couvert de feu et de plomb? Il ne m'a jamais aimé que tant qu'il a cru que je lui étais nécessaire ; il éteint le flambeau en mon sang après qu'il s'en est servi. Mon père a souffert la mort pour lui mettre la couronne sur la tête : j'ai reçu quarante blessures pour la maintenir; et, pour récompense, il m'abat la tête des épaules! C'est à vous, messieurs, d'empêcher une injustice qui déshonorerait son règne, et de lui conserver un bon serviteur et au roi d'Espagne un grand ennemi. »

Après ce discours, dont l'impression fut vive et profonde, le maréchal fut reconduit à la Bastille, et le chancelier prenant la parole, soutint avec force l'accusation, dont les preuves lui paraissaient trop frappantes pour que des considérations personnelles pussent, quelle qu'en fût l'importance, faire taire la conscience des juges et arracher le coupable à une condamnation si méritée. L'arrêt fut prononcé. Biron, déclaré coupable du crime de lèse-majesté et d'attentat à la personne du roi, fut condamné à avoir la tête tranchée en place de Grève.

Dès le lendemain, le chancelier, M. de Sillery, et trois maîtres des requêtes, se transportèrent à la Bastille, accompagnés des audienciers et des huissiers. La femme du sieur de Rumigny, concierge de la Bastille, se prit à pleurer en les voyant arriver, et le maréchal, mettant la tête contre les barreaux de sa prison, au bruit de ses sanglots, aperçut le triste cortège. « Quelle injustice! s'écria-t-il, faire périr un homme innocent! Monsieur le chancelier, venez-vous m'annoncer la mort? » Le chancelier passa sans répondre, et ordonna qu'on conduisît le maréchal à la chapelle. Là, les récriminations du malheureux condamné n'eurent plus de bornes ; il s'emporta en cris d'imprécations, en accusations, en menaces; et la volubilité de ses paroles était telle qu'il fut impossible de dire un mot.

Il se calma cependant au bout d'une heure de cris et d'efforts, et le chancelier lui demanda, de la part du roi, de faire remise de son ordre. « Le voici, dit-il, en le tirant de sa poche, enveloppé de son cordon bleu, car il ne l'avait pas porté au cou depuis son emprisonnement ; le voici, mais je jure ma part du paradis que je n'ai jamais contrevenu aux statuts qui imposaient respect et fidélité. Quoi! continua-t-il, le roi ne permettra pas à mes frères de faire faire le procès à ce traître Lafin ? Par le Dieu vivant et par ma part du paradis, ce déloyal m'a perdu, et ma vie n'est à ce moment que le prix du rachat de la sienne ! »

Le chancelier voulait se retirer, cependant ; et, ne sachant quelle sortie faire :

— Monsieur le maréchal, dit-il, je vous souhaite le bonjour.

— Quel bonjour ! répliqua Biron en le saluant avec un sourire plein d'amertume. Puis, pour toute grâce, il demanda la faveur de n'être pas lié par le bourreau comme un vil et lâche criminel.

Après la retraite du chancelier, une formalité restait à remplir.

— Il est nécessaire de lire votre arrêt, lui dit le greffier, et l'humilité est de rigueur en cette occasion.

— Que veux-tu que je fasse, mon ami? demanda Biron avec douceur.

— Il faut vous mettre à genoux.

— De grand cœur, dit-il; et, s'approchant de l'autel, il mit un genou en terre, s'accoudant sur la table et tenant son chapeau à la main.

Cette lecture était longue, Biron l'entendit d'abord tranquillement : arrivé à l'endroit où il était dit que le supplice aurait lieu à la Grève : *Quoi !* dit-il en levant les yeux au ciel, *moi en Grève !*

— On y a pourvu, reprit le greffier, ce sera céans ; le roi vous a fait cette grâce.

— *Belle grâce !* s'écria-t-il.

Quand on vint à l'article qui déclarait ses biens confisqués et le duché de Biron réuni à la couronne :

— Ah! dit-il, le roi veut s'enrichir de ma pauvreté? La terre de Biron ne peut être confisquée : et mes frères, que feront-ils? Le roi ne pouvait-il se contenter de ma vie?

Déjà l'échafaud était dressé au fond de la cour; il était de cinq pieds de haut, sans tenture et garni d'une simple échelle. Cinq heures venues, le greffier lui dit qu'il était temps, et il se hâta de descendre. Les gardes étaient épars dans la cour, les officiers, les magistrats et les huissiers descendirent, et

Biron s'avança vers l'échafaud d'un pas ferme et d'une allure résolue, comme aux jours où il marchait à l'ennemi avec un si éclatant courage.

Au pied de l'échelle, il jeta son chapeau, et pria Dieu tout bas avec le docteur Garnier, que lui avait envoyé le curé de Saint-Nicolas-des-Champs ; puis, montant sur l'échafaud, il recommença ses récriminations tout en ôtant son pourpoint de taffetas gris, disant que jamais il n'avait attenté à la personne du roi. Le prêtre s'approcha alors pour lui donner l'absolution ; mais lui, se tournant vivement vers les soldats qui gardaient la porte : « Ah ! s'écria-t-il, que je voudrais que quelqu'un de vous me donnât d'une mousquetade au travers du corps. » Et, comme ils demeuraient impassibles : Hélas ! quelle pitié, continua-t-il, la miséricorde est morte ! »

Il se banda les yeux alors et se mit à genoux pour recevoir la mort, mais, comme s'il se fût ravisé, il se redressa tout à coup par un brusque mouvement, arracha le mouchoir et jeta un regard de fureur sur le bourreau. On s'approcha alors pour le lier et couper ses cheveux ; mais, avec d'effroyables juremens :

— Que l'on ne m'approche pas, cria-t-il, si l'on me met en fougue, j'étranglerai la moitié de ce qui est ici. Ces paroles furent prononcées avec un tel accent de puissance et de colère, « que tel qui avait une épée à son côté, regardait la montée, prêt à se sauver de frayeur. »

Mais ces cris étaient inutiles, le maréchal le reconnut, et appelant M. Baranton, qui avait veillé à sa garde durant le temps de sa captivité, il le pria de lui bander les yeux et de retrousser ses cheveux : — Dépêche, dépêche, dit-il alors au bourreau ; et celui-ci lui trancha aussitôt la tête « si dextrement qu'à peine vit-on passer le coup. » La tête vola à terre et fut ensuite exposée sur l'échafaud.

Le soir, le corps du maréchal de Biron fut enterré en grande pompe à l'église de Saint-Paul.

XIII

LA MARÉCHALE D'ANCRE.

(1617.)

Eléonore Galigaï, connue depuis sous le nom de maréchale d'Ancre, était née à Florence dans la plus basse classe du peuple : elle dut sa fortune au hasard, qui avait fait choisir sa mère pour nourrice à Marie de Médicis. Ce fut ainsi qu'elle suivit cette princesse en qualité de femme de chambre, lorsqu'en 1600 elle vint en France pour s'unir à Henri IV.

Déjà alors, Eléonore Galigaï avait épousé à Florence Concino-Concini, fils d'un des notaires de la ville. Ardent, ambitieux, habile, Concini reconnut tout d'abord quel empire pourrait exercer sa femme sur l'esprit faible et superstitieux d'une princesse éloignée tout à coup des habitudes de son pays, des soins touchans de sa famille, et transplantée sans ménagemens au milieu d'une cour dont les préoccupations de politique et de guerre laissaient une large place encore à l'intrigue, à la galanterie et à l'amour.

Le succès dépassa son espérance. Eléonore Galigaï prit sur l'esprit de la reine un tel ascendant, « qu'elle réglait à son gré, dit Mézerai, ses désirs, ses affections et ses haines. » Cette faveur, dont elle mésusa, devait être la cause de sa perte. Vendue aux Espagnols, elle entretint la mésintelligence qui régna bientôt entre Henri IV et Marie de Médicis, réveillant sa jalousie par de faux rapports, l'aigrissant de mauvais conseils, et rendant avec habileté impossible une réconciliation désirée peut-être des deux parts.

Henri mourut sur ces entrefaites; et le poignard de Ravaillac vint enlever le dernier obstacle qui pût s'opposer à une ambition insatiable, exempte désormais de tout frein. Concini, élevé aux premières dignités, sut profiter des troubles inséparables d'une minorité, pour bouleverser tout dans le royaume; il acheta le marquisat d'Ancre, fut créé successivement premier gentilhomme de la chambre, gouverneur de Normandie, et enfin, comme Voltaire en fait la remarque, « premier ministre, sans connaître les lois du royaume, et maréchal sans avoir jamais tiré l'épée. »

Tant de faveurs répandues sur un étranger, alarmèrent les grands du royaume et servirent de prétexte à leur rebellion. Cantonnés dans les provinces, ils déclarèrent la guerre au premier ministre; mais Concini, assuré de la faveur de la reine, les brava sans crainte, et, par une dernière imprudence, leva sept mille hommes à ses frais, pour venger, disait-il, l'autorité royale.

Tant d'insolence devait exciter la haine de Louis XIII : le maréchal ne l'ignorait pas; mais il croyait ses précautions assez bien prises pour n'avoir rien à redouter. Les intrigues d'un jeune homme, étranger comme lui, vinrent tout à coup décider de sa perte.

Charles-Albert de Luynes, qui devait sa fortune à Concini, et que sa jeunesse mettait à l'abri même d'un soupçon, parvint à décider Louis XIII à secouer le joug ; et le premier acte d'autorité d'un prince de seize ans et demi, auquel on avait donné trop hâtivement le surnom de *Juste*, fut d'ordonner l'assassinat de son premier ministre. Cependant l'exécution de ce projet n'était pas facile. M. de Monluc, frère de Luynes, et Lhôpital-Vitry, capitaine des gardes, décidèrent, en présence du roi, que l'on attaquerait le maréchal à force ouverte, dans la cour même du Louvre, et au moment où il sortirait de chez la reine-mère. (Nous empruntons à la relation manuscrite d'un contemporain le récit de la mort du maréchal d'Ancre).

« Le lundi 24 avril 1617, à huit heures du matin, le roi, sous prétexte d'aller à la chasse, fit monter à cheval son régiment des gardes ; M. de Vitry se rendit au Louvre avec quelques gentilshommes qui portaient des pistolets sous leurs manteaux, et se plaça sur le pont-levis. A dix heures, le maréchal s'étant avancé sur le pont-levis pour entrer, pendant le temps que les gardes de la porte en écartaient la foule, Vitry courut à sa rencontre et fendit la presse avec tant de précipitation, qu'il le passa de trois ou quatre pas. Sa suite alors, qui ne le quittait point, lui ayant fait remarquer son erreur, il rétrograda, et se présentant devant le maréchal, il lui mit devant l'estomac le bout de sa canne en disant :

« — Monsieur, je vous arrête de la part du roi !

« — Moi ! répond en italien le maréchal, en mettant sa main (dans laquelle il tenait un petit bouquet) sur sa poitrine.

« En même temps, Perray, qui était derrière Vitry, tira par-dessus l'épaule de celui-ci un coup de pistolet qui renversa Concini par terre. Duhallier, Vitry et quelques autres seigneurs firent feu tous à la fois, et le maréchal resta mort sans avoir proféré une seule parole.

« — Vive le roi ! cria Vitry : et, faisant fermer les portes du Louvre, il donna ordre aux cavaliers de rester rangés en bataille. Le roi se montrant alors aux fenêtres du palais, cria aux conjurés :

« — Grand merci à vous, messieurs ; à cette heure, je suis vraiment roi (1). »

L'ennemi de Concini avait satisfait sa haine ; le peuple s'y associa par les plus horribles excès. Le corps, dans les vêtemens duquel on avait trouvé près de deux millions de billets de l'épargne et de rescription, avait été enterré vers le soir de cette sanglante journée dans les caveaux de Saint-Germain-l'Auxerrois ; le lendemain, la foule se porta à l'église, et malgré la résistance du clergé, exhuma le cadavre défiguré, le traîna au Pont-Neuf, le pendit à une potence, puis le démembra et le coupa en mille pièces, que se disputèrent des cannibales, même à prix d'argent.

C'était peu de la vie de Concini ; de Luynes

---

(1) Quelques historiens ont prétendu que Louis XIII avait seulement voulu faire arrêter le maréchal, et que sa mort fut le résultat d'un accident. Pour lever tous les doutes à cet égard, il suffit de dire ici que les registres manuscrits du Parlement constatent que, lorsque Vitry présenta au Parlement ses provisions de maréchal de France, il présenta à la fois des lettres-patentes portant aveu du meurtre commis sur la personne du maréchal d'Ancre, *par commandement exprès de sa majesté.*

avait résolu de se faire donner ses biens, et là se présentait un obstacle, car tous étaient placés sur le chef de la maréchale, ce qui ne ne permettait au roi de se les approprier que par une confiscation.

Éléonore Galigaï, en apprenant la fin tragique de son mari, n'avait pas trouvé une larme; elle s'émut à la nouvelle qu'on en voulait à ses biens, et qu'elle était elle-même dénoncée au Parlement. Un seul soin l'occupa dès lors, celui de sauver ses richesses; elle fit disparaître les unes, enfouit les autres, et cacha ses pierreries dans un matelas sur lequel elle se coucha, et d'où les archers envoyés pour s'assurer de sa personne ne purent l'arracher qu'avec violence.

Le 3 juin 1617, le procès d'Éléonore Galigaï commença devant une commission extraordinaire choisie dans le sein du Parlement. Il est curieux d'observer, en parcourant les immenses matériaux de cette procédure, que la favorite d'une grande reine, qu'une femme qui avait en quelque sorte tenu le timon des affaires, dont la cupidité avait mis à prix les principaux emplois de l'état, et dont les intelligences avec l'étranger pouvaient donner quelque apparence d'équité à un jugement capital, ne fut accusée et condamnée que sous la vague accusation de judaïsme et de sortilége. Quelques fragmens de dépositions choisies au hasard entre plus de cent, montreront quelle marche bizarre on adopta pour ce célèbre procès.

« Jean Desdiguière, écuyer de la maréchale, dit qu'après avoir constamment vécu avec une régularité exemplaire, elle prit en 1613, à son service, un nommé Montalto, juif, excellent médecin, qu'elle estimait fort, mais qui bientôt pervertit ses mœurs, l'empêchant de fréquenter les églises et d'entendre la messe chaque jour comme auparavant. Elle devint fâcheuse, ajoute-t-il, s'imaginant qu'elle pouvait être ensorcelée et empoisonnée en lisant des lettres.

« Philippe d'Acquin, homme érudit dans les langue grecque, hébraïque et autres, et ancien secrétaire de l'évêque de Cominges, dit que Montalto lui a parlé de cabale hébraïque, et que cet homme, par l'invocation de l'ange Gabriel, savait, le troisième jour, si un malade devait mourir.

« Cinq ou six religieux augustins racontent que la maréchale s'est fait exorciser par le général de l'ordre des ambrosiens, et en a éprouvé un notable soulagement; d'où ils concluent qu'elle est possédée et sorcière.

« Louis de Bois de Stamicourt dépose qu'étant entré dans l'hôtel, lorsqu'après la mort du maréchal le peuple se livrait au pillage, il a pénétré dans une salle au milieu de laquelle était une civière :

« — Dans cette civière, dit-il, je vis une forme humaine couchée en long et les jambes croisées; les cheveux étaient noirs, mais je n'ai pu distinguer si c'était cire, chair ou autres matières; un mouchoir blanc couvrait son visage; un velours noir, avec une larme de cristal, sans croix, couvrait la civière; à chacun des coins était une torche blanche non allumée. J'ai pensé que cette figure avait dû servir à quelque opération de magie.

« Marguerite, femme d'un soldat aux gardes, dit qu'elle a su d'une demoiselle de la maréchale, que, durant la nuit, celle-ci se promenait dans sa chambre, nue, avec une couronne de cire sur la tête, et de petites chandelles allumées à la main. De cette couronne et de ces chandelles, elle devait faire des boulettes, et en remplir trois boîtes, jusqu'à ce qu'il en tombât une par terre, qui ferait mourir qui elle voudrait. »

On procéda à l'interrogatoire de la maréchale, et les questions qui lui furent adressées paraîtront plus extraordinaires encore que les dépositions des témoins. Voici le texte d'une partie du procès-verbal dressé par le greffier Voisin.

« Sur la demande faite, si les religieuses de Lorraine avaient porté dans un sac, à l'église des Augustins, un coq vivant, tout plumé, à la tête près, lequel avait fait deux tours sur l'autel, et chanté trois fois, elle se mit à rire, et répondit que l'invention était très folle et très insensée.

« Interrogée si elle était possédée, et s'était servie des ambrosiens et d'un chanoine de Milan pour être exorcisée, elle répondit :

« — Je n'ai jamais été exorcisée ni possédée; je ne comprends pas pourquoi on me demande si j'ai le sortilége dans les yeux, n'ayant jamais rien fait qui mérite une pareille question.

« Interrogée sur les boulettes de cire trouvées dans la caisse aux bougies, elle dit :

« — Elles proviennent, selon toute apparence, des brins qui tombaient de ces mêmes bougies, et que je ramassais quelquefois par distraction. Pourquoi me questionner là-dessus, d'ailleurs, quand on sait qu'il y a des femmes qui mangent de la cire ?

« Interrogée si, lors du pillage de l'hôtel d'Ancre, il y avait, sous une courtine, une bière contenant une forme humaine; elle dit :

« — J'aimerais mieux mourir que de voir semblable chose. Les questions extravagantes qu'on me fait, ne sont qu'une preuve de la rage furieuse de mes ennemis.

« La maréchale, interrogée sur la possession de quelques livres hébreux, qui avaient servi sans doute pour obtenir un si grand ascendant sur l'esprit de la reine, répondit avec fierté :

« — Mon sortilége a été le pouvoir que les

âmes fortes doivent avoir sur les esprits faibles ! »

L'instruction du procès terminée, quelques juges eurent assez d'équité et de lumières pour ne pas opiner à la mort. Orlando Pager, l'un des deux rapporteurs, refusa de signer l'arrêt que son collègue Courtin, vendu à Charles de Luynes, avait rédigé; cinq conseillers s'absentèrent, d'autres conclurent au bannissement; mais le reste, entraîné par le préjugé public, par l'ignorance, et surtout par les instigations de ceux qui voulaient recueillir les riches dépouilles de la maréchale, signèrent, le 8 juillet 1617, l'arrêt qui déclare « Concini et Eléonore Galigaï, sa veuve, coupables de lèse-majesté divine et humaine; et, pour réparation, condamne à perpétuité la mémoire du mari, et la femme à avoir la tête tranchée sur un échafaud dressé à cet effet en place de Grève; sa tête et son corps à être jetés ensuite au feu, et réduits en cendre; les fiefs qu'ils tenaient de la couronne, et qui en étaient mouvans, seront réunis au domaine, et les autres fiefs et biens qu'ils avaient dans le royaume confisqués au profit du roi; quarante mille livres de rentes prélevées, pour être employées à des œuvres pies, telles que le pain des prisonniers de la Conciergerie et autres. Déclare les biens acquis par le mari et la femme, tant à Florence qu'à Rome, et autres lieux hors du royaume, appartenir au roi, comme provenant de ses deniers, et mal pris dans son trésor. Déclare le fils né du mariage de Concini et Galigaï roturier, ignoble, et incapable de remplir emplois, offices ou dignités dans le royaume; ordonne que la maison près du Louvre, que ses père et mère occupaient, sera rasée, et que tous les biens non mouvans de la couronne qu'il possédait seront vendus au profit de sa majesté. »

Cet arrêt, qui devait être exécuté le même jour, lui fut lu à midi, dans la cour du Palais, devant une foule immense accourue pour examiner la contenance de cette favorite si puissante naguère. A genoux, la tête baissée, elle chercha à se cacher le visage dans ses coiffes pour soustraire sa honte à cette multitude qu'elle avait si long-temps vue à ses pieds; mais on la contraignit d'entendre l'arrêt à visage découvert.

Elle voulut du moins en suspendre l'exécuion, en déclarant qu'elle était enceinte; mais le greffier Voisin lui remontra que, d'après les dépositions qu'elle avait faites, elle ne pouvait être dans cet état sans avoir manqué à son honneur. Elle n'insista pas dès lors, reprit son courage, et se prépara à la mort.

Nous empruntons au procès-verbal même d'exécution quelques détails sur ses derniers momens.

« A sept heures, elle fut extraite de la Conciergerie, et placée dans la charrette de l'exécuteur. Elle porta alors ses regards sur la foule, et, surprise de voir la place, les rues, les fenêtres, les toits même couverts d'une immense affluence :

« — Ah! dit-elle, que de peuple qui désire me voir mourir! j'ai autant mérité la mort que cela cependant!

« Et, en disant ces mots, elle faisait claquer l'ongle d'un de ses doigts sur une des dents de sa mâchoire supérieure.

« La foule était si grande cependant, qu'il fallut plus d'une heure pour parvenir jusqu'à la Grève. Au pied de l'échafaud, le greffier Voisin donna encore une fois lecture de la sentence; puis, l'exécuteur, s'emparant de la maréchale, la fit monter sur l'échafaud. Étant sur l'échelle, elle avait crainte de choir, et disait :

« — Tenez bien, je chéerai !

« Aussitôt montée, elle se mit à genoux, et l'exécuteur commença à découdre le collet de sa simarre, qui était de peu de valeur, couleur de pensée, et orné d'une broderie d'or et d'argent fort usée. Pendant ce temps, on chantait un *Salve Regina.*

« — Je vous pardonne, quant à vous, dit-elle alors à l'exécuteur; je crie merci à Dieu; je pardonne au roi, à la reine, et à tout ce peuple qui me veut du mal et qui en a fait à mon mari !

« En même temps, l'exécuteur prit un bandeau pour lui couvrir les yeux; mais il se trouva empêché, parce qu'il n'y avait de cordon que d'un seul côté. Il le raccommoda de son mieux, et dit aux docteurs, pour lui donner le change :

« — Messieurs, faites-lui faire sa prière !

« La dernière parole n'était pas prononcée, qu'il lui mettait, d'un coup subtil, la tête hors de dessus les épaules.

Sa mort éteignit le ressentiment populaire. Un famélique auteur fit représenter, sans succès, une tragédie en quatre actes, intitulée *la Magicienne étrangère;* mais le public n'accueillit qu'avec dégoût cette grossière et odieuse satire. Victime des jalousies et de la haine de la noblesse de France, Eléonore Galigaï devait trouver bientôt un vengeur dans un homme dont elle avait commencé la fortune.

Cet homme, c'était Richelieu.

XIV

LE COMTE D'ENTRAGUES ET MADEMOISELLE DE BALZAC.

(1604).

Le règne de Henri IV fut fécond en conspirations, en trames, en condamnations, en disgrâces, autant qu'en hauts faits, en galanteries et en faveurs. Dans un chapitre précédent, nous avons retracé la rebellion et le supplice de Biron, son ami, son compagnon d'armes; et c'est justice sans doute, à côté de ce tableau, où ressort, sous un aspect de sévérité presque cruelle, le caractère du prince à qui l'histoire, par exception, a décerné le nom de bon roi, de le montrer dans une occasion presque semblable, ouvrant son âme à la clémence, et jugeant des choses humaines avec un sentiment humain.

Après la mort de Gabrielle d'Estrées, Henri IV devint éperdument épris d'Henriette de Balzac, fille du comte d'Entragues, premier gentilhomme de la chambre. Belle, spirituelle, majestueuse, mademoiselle de Balzac était, au témoignage des contemporains, récemment confirmé par l'indiscret et croyable Tallement des Réaux, une des personnes les plus remarquables de son temps ; bientôt la passion qu'elle inspirait au faible monarque fut telle, qu'il s'engagea, par une promesse écrite et formelle, à s'unir à elle d'un lien légitime et sacré.

Mais d'Entragues connaissait Henri, et son esprit ardent, et sa versatilité galante. Là, où sa fille voyait un trône en perspective, il devina un piége, et ne doutant pas que le roi, après avoir satisfait sa passion, ne se dégageât de sa promesse, il quitta brusquement la cour, et se retira avec sa fille et quelques parens dans son château de Marcoussy, dont il interdit l'entrée aux adroits et entreprenans favoris du galant monarque.

Henri n'était pas homme à s'effrayer de si peu : au moment où d'Entragues, rassuré par le bruit d'une passion nouvelle, croyait qu'il avait entièrement renoncé à ses odieux projets, une pressante missive le rappela à la cour; son service était nécessaire; on faisait appel à son dévouement, à son honneur! Il obéit. Le soir même, Henriette de Balzac recevait au château de Marcoussy l'heureux monarque, qui, le lendemain, la conduisit en triomphe à sa cour de Fontainebleau.

Bientôt d'Entragues sut l'injure : il somma le roi de tenir sa parole; et, à tout événement, ne prévoyant que trop un subterfuge ou un refus, il prépara les moyens de tirer vengeance de l'affront fait à sa maison jusque-là sans tache. Henri, de son côté, ne chercha qu'à gagner du temps, s'engageant en vaines promesses, redoublant d'amour et de soins près d'Henriette, et lui laissant prendre un empire propre à distraire sa vanité satisfaite, et à donner le change à son orgueil.

Quelques mois plus tard, mademoiselle de

Balzac, maîtresse avouée, se trouvait à la veille de devenir mère, et le bruit de son union prochaine avec le roi se répandait de toutes parts. Les courtisans eux-mêmes paraissaient y ajouter foi; le roi venait de répudier Marguerite de Valois, et la ville était dans l'impatiente attente des fêtes et du mouvement qui, d'ordinaire, accompagnent un mariage.

On apprit tout à coup que le roi venait de choisir une épouse : c'était Marie de Médicis.

Henriette de Balzac protesta contre ce mariage; ce fut vainement. Malgré l'envoi de la promesse signée du roi, malgré ses preuves de noblesse, l'union projetée s'accomplit, et sa douleur en fut telle, qu'elle mit au jour avant terme un fils, qui devait s'élever toutefois, et sur qui se reportèrent dès ce moment toute son ambition et sa tendresse.

Le roi l'aimait toujours, cependant; la politique avait dicté son union avec Marie, mais son amour pour Henriette était resté le même. Il s'était peut-être encore accru par sa résistance obstinée, par l'alarme surtout que ne tarda pas à lui causer la passion du duc de

Guise, qui se proposait ouvertement pour époux à mademoiselle de Balzac.

D'Entragues, retiré de la cour, n'avait pas renoncé à l'espérance de se venger : le comte d'Auvergne, frère utérin d'Henriette, lui en proposa le moyen. Complice du maréchal de Biron, il avait conservé des intelligences avec les ennemis de Henri IV, et, lui-même, il avait à tirer vengeance d'une longue et cruelle captivité. Il offrit à d'Entragues de renouer les complots antérieurement ourdis avec l'Espagne, pour élever au trône le comte de Metz, son neveu. Bientôt une vaste conspiration se forma, où l'Angleterre entra comme d'ordinaire. Le connétable de Montmorency, les maréchaux de Bouillon et de Montigny, le duc d'Epernon, Belle-Garde, le comte de Clère, beau-frère de d'Entragues, le comte d'Humières et nombre d'autres, tous de bonne et valeureuse noblesse, y prirent part. Malgré l'adresse et le secret qui y présidèrent toutefois, aucun résultat ne signala cette sorte de ligue, et le monarque échappa, comme par miracle, aux piéges qui lui étaient tendus.

Ce que la perfidie des complots n'avait pu faire, la maladie pensa l'accomplir. Sur ces entrefaites, Henri, saisi d'une fièvre brûlante à Fontainebleau, se crut à la veille de mourir, et alors encore, voulant donner à Henriette d'Entragues une dernière preuve de son amour en assurant après lui son repos, il fit appeler le comte d'Auvergne, à qui il avait rendu sa confiance, et le chargea de demander à l'ambassadeur d'Espagne une retraite pour elle et son fils dans les états de son maître, au cas où ils ne se trouveraient pas en sûreté sous la protection de son successeur.

Le comte, que Sully appelait *le Superfin*, exigea du roi un ordre de sa main pour communiquer et traiter avec l'ambassadeur d'Espagne. Cet ordre, facilement obtenu, devait merveilleusement servir ses projets. Bientôt, de concert avec d'Entragues, il employa Balthazar de Zuniga pour traiter avec l'Espagne, et William Morgan pour traiter avec l'Angleterre. Le Languedoc, la Guyenne, le Poitou, la Picardie, entraînés par leurs seigneurs, devaient donner le signal de la révolte, pour laquelle on ne doutait pas que le comte de Soissons se déclarât dès que le premier mouvement éclaterait.

Henri, cependant, n'avait aucun soupçon

de ces criminelles menées ; le commerce de mademoiselle de Balzac avec tous les Espagnols qui se trouvaient à Paris, était couvert par son goût pour la langue castillanne qu'elle possédait parfaitement ; tous ses parens d'ailleurs faisaient assidûment leur cour, et paraissaient satisfaits : rien ne pouvait donner de défiance. Les conjurés jugèrent le moment favorable pour agir. Leur plan était de mettre sur le trône le fils que mademoiselle de Balzac avait eu de Henri IV, et, pour y parvenir d'un seul coup, on devait le conduire tout d'abord à Reims, dont le duc de Bouillon s'assurerait, tandis que le marquis de Spinola s'y transporterait de son côté à marches forcées avec son armée. D'Entragues s'était chargé d'attenter à la vie du roi qui, épris de la maréchale de Bassompière, sa fille cadette, devait se laisser attirer facilement à Malesherbes, où il l'avait retirée. Le roi mort, la Guyenne, le Languedoc, le Poitou, fournissaient immédiatement des troupes, à la tête desquelles le comte de Soissons, amenant avec lui celles d'Auvergne, soulevait ou maîtrisait la totalité du royaume.

La veille de l'exécution, la conspiration fut

découverte : le comte d'Auvergne fut arrêté et conduit à la Bastille ; d'Entragues, enfermé à la tour de Montmorency, y fut confié à la surveillance de Vitry ; quant à mademoiselle de Balzac, sa maison de la rue Saint-Antoine lui fut donnée pour prison, et elle y resta sous une forte garde.

C'était le 24 novembre 1604. Achille de Harlay, premier président, Etienne Fleury et Philibert Thorin, conseillers au Parlement, se transportèrent aussitôt à la Bastille pour interroger le comte d'Auvergne. Le comte se renferma dans un système obstiné de dénégation ; d'Entragues refusa de même de convenir de ses menées, de son complot et de ses criminelles pratiques.

Le 15 décembre, Achille de Harlay interrogea de nouveau le comte d'Auvergne, qui répondit plus explicitement cette fois ; et il ne sera pas sans intérêt peut-être de consigner ici un fragment inédit de son interrogatoire.

« J'étais parti de Paris, il y a cinq ou six mois, pour me retirer en Auvergne ; je fus rappelé par sa majesté pour terminer le différend que j'avais avec le comte de Soissons.

Je répondis à Descures qu'elle m'avait envoyé, qu'une affaire très importante concernant son service, et dont je l'informerais d'une manière plus particulière, me retenait.... Qu'au surplus, si elle n'agréait pas que je restasse, je me rendrais en diligence auprès de sa personne sitôt qu'elle m'aurait envoyé une abolition que je lui demandais humblement pour ma sûreté... Descures ayant rapporté ma réponse au roi, revint avec une lettre de la propre main de ce monarque. Sa majesté me donnait sa foi qu'elle me servirait elle-même des lettres d'abolition, quand elle aurait appris le détail de tout. J'avouai ingénument tout ce que je savais...., Le roi témoigna être extrêmement content; il m'envoya une seconde lettre par Descures, par laquelle il promettait d'être aussi bon maître à mon égard que je paraissais lui devoir demeurer fidèle sujet. »

Le comte ajouta que le roi lui avait accordé des lettres d'abolition qu'il n'avait pu faire enregistrer, parce que les circonstances rendaient le secret absolument nécessaire; il donna pour preuve le brevet renfermant le pardon que le monarque lui avait accordé.

Dans un troisième interrogatoire, il convient de s'être abouché avec l'ambassadeur d'Espagne : « Un soir, à minuit, derrière le petit Saint-Antoine, chez une de ces femmes qui font commerce de la beauté, il m'a fait, dit-il, les offres les plus amples ; mais j'assure que cette conférence et celles qui l'ont suivie, n'ont eu pour but que de sonder et de découvrir les dispositions des puissances ennemies, afin d'en avertir le roi, ainsi que j'y ai été autorisé par lui-même. » Et, à l'appui de cette assertion, il fit valoir l'écrit que le roi avait remis à Fontainebleau entre ses mains, et dont les commissaires ne connaissaient ni l'objet ni l'origine.

D'Entragues, renfermé dans les prisons du Palais, fut interrogé le 14 décembre pour la première fois. Il avoua fièrement ses conférences avec l'ambassadeur espagnol, se posant en père outragé, et s'emportant lui-même en récriminations accusatrices contre le roi, bien loin de convenir d'avoir encouru les sévérités de sa justice.

Henri se trouvait dans une extrême perplexité au sein de ces complots sans cesse renaissans ; déjà il témoignait le vouloir de terminer tout ce procès par une grâce; les chambres de la Tournelle et de l'Edit s'assemblèrent pour lui faire des remontrances sur la lettre et le brevet d'abolition qu'il avait accordés au comte d'Auvergne; elles lui représentèrent par la voix d'Achille de Harlay que les crimes de lèse-majesté devenaient aussi communs que les moindres crimes; que le comte répondant par la plus noire ingratitude aux bontés excessives qui l'avaient porté à lui accorder déjà le pardon de ses entreprises criminelles, il devait permettre que la procédure s'achevât contre lui, et que son supplice effrayât enfin les esprits fâcheux et rebelles qui pourraient s'engager en de pareilles entreprises.

Le roi remercia le Parlement de l'attachement qu'il témoignait pour sa personne; il déclara nulle l'abolition qu'il avait donnée au comte d'Auvergne, et ordonna que la procédure commencée serait poursuivie. Le Parlement n'attendait que cette autorisation pour prononcer son arrêt. Le comte d'Auvergne et d'Entragues furent condamnés, ainsi que Williams Morgan, « à être dégradés de tous leurs titres, privés de tous leurs biens, et à avoir la tête tranchée sur un échafaud dressé en place de Grève. »

L'Anglais Morgan avait pris la fuite : le roi commua, dès le lendemain du jugement, la peine de mort prononcée contre le comte d'Auvergne et d'Entragues, en celle d'une détention perpétuelle, avec rétablissement dans leurs biens et leur réputation, mais non dans leurs emplois et honneurs; bientôt après, la prison de d'Entragues fut changée en un exil à sa terre de Malesherbes, et le comte d'Auvergne dut subir, à la Bastille, durant dix années, un emprisonnement auquel vint bientôt mettre un terme la fin tragique de Henri.

Quant à mademoiselle de Balzac, il n'avait pas voulu consentir à ce que la procédure fût régulièrement suivie à son égard. Après les interrogatoires et les confrontations, il l'avait fait conduire au couvent de Beaumont-les-Tours. Bientôt la permission lui fut accordée de se retirer à sa terre de Verneuil « avec défense d'en sortir, et d'y voir autres personnes que ses domestiques. » Au retour enfin d'une visite qu'il lui rendit incognito au commencement de l'année 1605, des lettres-patentes ordonnèrent que tous les actes faits contre mademoiselle Henriette d'Entragues seraient annulés.

Son fils était mort sur ces entrefaites ; avec lui s'éteignit l'illustre maison d'Entragues, que l'on a cependant tenté, dit-on, de faire renaître de nos jours.

XV

LE DUC DE MONTMORENCY.

(1632.)

Le fils de Henri IV, Louis XIII, commençait à peine son essai de royauté, au milieu des intrigues et des troubles dont la religion était le prétexte, lorsque Henri II, duc de Montmorency, parvenu seulement à sa vingt-cinquième année, et, depuis huit ans, déjà investi cependant des hautes fonctions de grand-amiral, se signala parmi ses plus fidèles serviteurs, repoussa les provocatrices avances de la reine-mère, et se distingua au siége de Montauban, à celui de Montpellier, dans la guerre du Languedoc, et plus tard en Piémont, où, après la déroute de Doria, le roi lui écrivait, en lui envoyant le bâton de maréchal : « Je me sens obligé envers vous autant qu'un roi le puisse jamais être. »

Mais tant de gloire devait se ternir bientôt : la reine-mère, jalouse de l'autorité de Richelieu ; Gaston, envieux de la puissance de son frère, ne devaient négliger ni tentatives ni séductions pour corrompre Montmorency. Ils lui répétèrent chaque jour qu'en vain il se flattait d'obtenir la charge de connétable, presque héréditaire dans sa famille, que le cardinal-ministre avait résolu d'abattre toutes les autorités pour les réunir uniquement dans sa personne ; qu'une seule voie lui était tracée pour parvenir à des dignités et à une gloire proportionnées à sa valeur et à son nom, et que cette voie était celle de médiateur forcé entre le roi et ses proches.

Marie de Médicis, en effet, était alors réfugiée sur une terre étrangère ; l'âme généreuse de Montmorency lui inspira peut-être la malheureuse pensée de se sacrifier, pour mettre un terme à la royale mésintelligence dont gémissaient tous les Français. Quoi qu'il en soit, il souleva le Languedoc, fit des levées d'hommes et d'argent, s'assura de Lodève, Albi, Uzès, Alais, Beziers, Saint-Pons et Lunel, et y reçut Gaston à la tête de deux mille hommes, étrangers pour la plupart, et rassemblés du côté de Trèves.

Nous n'entreprendrons pas ici de tracer l'histoire de Montmorency; les circonsta   de sa défaite sont consignées dans les a   les de l'orageux règne de Louis XIII : entr iné par cette valeur impétueuse qui lui faisait d'ordinaire confondre le devoir de général avec celui de soldat, il essuya, à moins de vingt pas, une rude décharge de mousqueterie, et, transporté de fureur à la vue du sang qui ruisselait d'une blessure reçue à la gorge, il s'élança, sans voir que six gentilshommes seulement le suivaient, au milieu des chevau-légers dont le capitaine Gadagne, qu'il avait blessé d'un coup de pistolet, lui perça de deux balles la joue droite en lui fracassant plusieurs dents. Si peu ne pouvait abattre Montmorency; il frappe et renverse le baron de

Laurières, et décharge un coup d'épée sur la tête du baron de Bourdet; mais à ce moment il reçoit cinq blessures dans la poitrine, son cheval est jeté mort sur-le-champ, et bientôt il est lui-même transporté, épuisé de sang, dans une métairie située à plus d'une lieue de distance, d'où, après un premier pansement, opéré sur une méchante échelle recouverte de quelques manteaux, il fut amené à Castelnaudary, au milieu de l'émotion et de la douleur du peuple dont il avait été si longtemps l'admiration et le bienfaiteur.

C'était le 1er septembre 1632 que se livrait, près de Castelnaudary, cette déplorable bataille; le 22 octobre, Louis XIII arrivait à Toulouse, et le 27, le duc, conformément à la déclaration de Cosne, y était transporté pour être jugé par le Parlement, extraordinairement présidé par le garde des sceaux du royaume.

Du jour de son arrestation, Montmorency avait soutenu son malheur en héros. Lucante, son médecin, lui disant un jour, après l'avoir pansé, qu'il était heureux, grâce au ciel, qu'aucune de ses blessures ne fût dangereuse :

— Vous oubliez votre métier, mon ami, lui répondit-il ; il n'y en a point, jusqu'à la moindre, qui ne doive entraîner la mort.

Sa famille cependant et ses amis sollicitaient vivement sa grâce. La connétable, sa mère, ne pouvant agir, avait chargé de ce soin la duchesse d'Angoulême et de Ventadour ; Richelieu, qui avait résolu sa perte, la fit arrêter à Paris ; en vain Dalmos, écuyer de la duchesse de Ventadour, sollicita du roi quelque parole de miséricorde, il n'en reçut qu'une réponse dure et menaçante, et sa sœur elle-même ne fut pas plus heureuse ; lorsqu'elle offrit au cardinal, comme ôtages de la fidélité du duc, le duc d'Enghien (depuis le grand Condé) et le prince de Conti, ses enfans :

— Il faut, madame, répondit Richelieu, espérer en la miséricorde du roi, mais je n'y puis aucune part et ne jamais vous donner sincèrement aucune consolante parole.

Cette réponse, dans la bouche du cardinal, équivalait à un arrêt de mort ; aussi, durant ces sollicitations, le procès du duc s'instruisait : il avait une célérité peu ordinaire. M. Lauson, maître des requêtes, avait été chargé de l'information : l'audition de sept témoins lui parut suffire.

Deux conseillers du Parlement furent délégués pour interroger l'accusé, qui, conduit devant eux, et pour abréger avant tout ce qu'il ne semblait dès lors considérer que comme de vaines et oiseuses formules, leur dit avec une douceur qui n'excluait pas cependant la fermeté : « Je pourrais, messieurs, vous alléguer qu'en ma qualité de pair, je ne puis être en aucun cas soumis à votre juridiction particulière ; mais ma faute est de telle nature, que, si le roi ne me fait grâce, il ne doit y avoir dans son royaume aucun juge qui n'ait pouvoir de me condamner. Ainsi donc j'obéirai, quand même ma soumission me devrait à coup sûr devenir funeste. »

La procédure suivit donc son cours, et le jour venu de comparaître devant ses juges, le capitaine des gardes, Guitaut, se présenta pour le conduire au Palais. Montmorency reçut en souriant cette nouvelle ; un carrosse étroitement fermé l'attendait devant la prison, et après avoir traversé, au milieu d'une escorte de trois régimens, la ville, où plus de dix mille hommes de l'armée étaient rangés en haie par les rues, ou disposés en réserve sur la place, il descendit au Palais et parut devant ses juges la tête nue et dans l'attitude d'un coupable que la sellette des criminels attend.

Tant de soumission, tant de grandeur dans l'infortune excitaient déjà un vif mouvement de compassion et de sympathie dans l'assemblée, quand le garde des sceaux, d'un ton de commandement et de colère, lui demanda ses noms, âge et qualité. A cette interpellation inattendue, Montmorency, perdant pour un moment cette évangélique patience dont il s'était fait une loi depuis le jour de sa catastrophe, répondit d'une voix ferme et sévère, en fixant sur son interlocuteur un œil menaçant et irrité :

— Mon nom ?... vous avez assez long-temps mangé le pain de mon père et celui de ma maison pour le savoir.

Puis, se remettant aussitôt, il fit signe qu'il avait regret de ce mouvement d'emportement involontaire, et demeurait prêt à répondre aux questions qui lui seraient adressées.

« *Interrogé* (1) pourquoi il est prisonnier, et depuis quel temps.

« *A répondu* être prisonnier depuis le 1ᵉʳ septembre, qu'il fut pris se battant en bataille rangée contre l'armée du roi, conduite par le sieur maréchal de Schomberg, en quoi il reconnaît avoir offensé sa majesté, et s'en repent.

« *Interrogé* si, contre le mandement exprès du roi, il n'aurait pas violenté les députés des Etats de Languedoc, et à iceux fait signer une délibération qui n'était qu'une ligue contre le roi et les ministres.

« *A répondu* ledit fait être véritable, et qu'il n'est pas à s'en repentir, et a reconnu avoir signé ladite délibération.

« *Interrogé* si, contre l'usage de tout temps, il n'aurait pas lui-même signé la commission que le roi a l'usage d'envoyer en blanc, concernant l'imposition, tant de l'octroi que le pays fait à sa majesté, que des dettes et frais du pays, et si, après avoir signé lesdites com-

---

(1) Nous copions textuellement ce qui suit dans les pièces originales de la procédure.

missions, il n'en aurait pas départi une bonne portion au feu comte de Rieux, et le reste aux autres diocésains, en quoi il ne peut nier avoir grandement failli.

« *A dit* qu'oui, et accordé le contenu audit interrogatoire être valable.

« *Interrogé* si, en qualité de gouverneur de cette province, il n'avait reçu exprès commandement du roi de s'opposer à la venue de *Monsieur*, son frère, et si, au contraire, il l'aurait fait venir et appelé dans son gouvernement, pour faire la guerre au roi et à ses troupes.

« *A accordé* avoir reçu le commandement du roi, mais ledit seigneur son frère étant venu en son gouvernement, il ne l'aurait pu refuser.

« *Lui a été représenté* s'il ne reconnaît pas que ces actions l'ont rendu criminel de lèse-majesté, et que par son crime il a encouru les peines de droit des lois et ordonnances de ce royaume, qui sont capitales.

« *A dit* qu'il a ci-devant mainte fois reconnu sa faute, en laquelle il avoue être tombé plutôt par imprudence que par malice ; qu'il en a demandé pardon au roi, comme il fait bien encore présentement. »

Le procureur général ayant donné ses conclusions qui tendaient à la mort, le duc se retira et se prépara à faire une confession générale. Le père Arnoux vint le trouver alors, et lui dit en l'abordant :

— J'ai bien sujet de m'estimer malheureux d'être obligé de vous rendre mes devoirs en cette rencontre.

— En me servant bien de cette occasion, répondit Montmorency en l'embrassant, j'espère de la grâce de Dieu et de son assistance qu'il n'y aura point de malheur ni pour l'un ni pour l'autre.

Il écrivit ensuite à la duchesse sa femme le billet suivant :

« *Mon cher cœur*, je vous dis le dernier adieu avec la même affection qui a toujours été entre nous ; je vous conjure par le repos de mon âme que j'espère être bientôt dans le ciel, de modérer vos ressentimens, et de recevoir de la main de notre doux Sauveur cette affliction ; je reçois tant de grâces de sa bonté, que vous en devez avoir tout sujet de consolation. Adieu encore un coup, mon cher cœur.

« Henri DE MONTMORENCY. »

En ce moment fut rendu l'arrêt, le 29 octobre 1632 :

« Le duc de Montmorency, déclaré atteint et convaincu du crime de lèse-majesté au premier chef, y est condamné, pour réparation, à être privé de tous ses états, honneurs, dignités; à être livrés ès-mains de l'exécuteur de la haute justice, pour avoir la tête tranchée sur un échafaud; tous ses biens être confisqués, et ses terres, tenues immédiatement et médiatement du roi, être réunies au domaine de la couronne. »

La mort de Montmorency était résolue; le père Joseph et le cardinal avaient d'avance fortifié Louis XIII contre toutes les démarches de ses amis et de sa famille, en présentant sous toutes ses faces la raison d'état; le condamné cependant consentit, sur la prière du père Arnoux, à faire demander sa grâce :
« quoique, dit-il, il n'espérât rien que de la miséricorde de Dieu. »

— Je vous prie de dire à M. le cardinal, ajouta-t-il en s'adressant à Launay, que je suis son très humble serviteur ; que si, par sa faveur, il me conserve la vie, fléchissant le cœur du roi à la miséricorde que je lui demande, je vivrai en sorte qu'il n'aura jamais à s'en repentir ; néanmoins, que je ne souhaite pas que le Conseil du roi se fasse aucune violence, s'il croit ma mort plus utile à l'état que le reste des années que je pourrais vivre, quoique je sois à la fleur de mes ans.

Le roi était occupé au jeu, lorsque Launay se présenta devant lui ; à peine fit-il attention à sa supplique ; le duc de Chevreuse, dont les querelles avec Montmorency avaient été éclatantes, se jeta à ses pieds sans plus l'émouvoir, bien qu'il lui offrît sa vie et sa liberté pour gage de la fidélité de son ennemi ; une seule parole s'échappa à cette occasion des lèvres de l'inflexible monarque ; elle s'adressait à M. Du Châtelet dont les larmes et les sanglots trahissaient en ce moment la douleur :

— Monsieur Du Châtelet voudrait avoir perdu un bras, sans doute, pour sauver M. de

Montmorency, dit-il en lui lançant un regard de mépris et de reproche.

— Oh! sire, répliqua vivement Du Châtelet, je voudrais les avoir perdus tous deux, pour vous en sauver un qui vous gagnait des batailles.

En ce moment entrait M. de Charlus.

— Sire, dit-il, je viens rendre à votre majesté, de la part de M. de Montmorency, le bâton de maréchal et le collier de notre ordre. Il m'a chargé de dire à votre majesté qu'il meurt avec un très sensible déplaisir de l'avoir offensée.

A ces mots, la voix du capitaine des gardes, qui s'affaiblissait à chaque moment, fut couverte tout-à-fait par des sanglots, et, tombant entièrement aux pieds du roi :

— Grâce! s'écria-t-il, grâce pour lui! grâce pour ses ancêtres, qui ont si bien servi vos aïeux !

— Allez dire au duc de Montmorency, répondit Louis XIII en se tournant vers Charlus avec un mouvement d'impatience, que la seule grâce que je lui puisse faire, est de défendre au bourreau de le toucher, et de lui mettre la corde sur les épaules.

L'heure de midi, fixée pour l'exécution, était arrivée pendant ces démarches ; les deux commissaires, nommés pour assister à la lecture de l'arrêt, attendaient le duc à la chapelle ; il y descendit après avoir quitté l'habit magnifique dont il était alors revêtu, pour endosser un sarreau de toile qu'il avait lui-même fait faire pour son supplice. Il salua les commissaires en entrant, se mit à genoux devant l'autel, et après avoir entendu la lecture de son jugement dans une profonde attitude de recueillement, leur dit : « Je vous remercie, messieurs, vous et votre compagnie ; assurez-la que je regarde cet arrêt de la justice du roi comme un arrêt de la miséricorde de Dieu. »

Lucante alors s'approcha pour lui couper les cheveux, mais au moment de lui rendre ce dernier service, le fidèle serviteur tomba évanoui. — « Comment, Lucante, dit Montmorency en le relevant, vous qui m'exhortiez à recevoir tous mes malheurs comme venant de la main de Dieu, vous êtes plus affligé que moi ! Allons, consolez-vous ; que je vous embrasse pendant que j'ai les mains libres encore : allons, ne m'oubliez jamais ! »

Alors il marcha au supplice. En entrant dans la cour de l'Hôtel-de-Ville, où se trouvait dressé l'échafaud, il s'arrêta au pied de la statue de Henri IV, et la montrant du regard au père Arnoux : « Je regarde la statue de Henri IV, dit-il avec un soupir, c'était un grand et généreux monarque ! J'avais l'honneur d'être son filleul ! » Puis, après avoir gardé le silence quelques instans. « Allons, reprit-il en mettant le pied sur la première marche de l'échafaud, voilà l'unique chemin du ciel. »

Le greffier du Parlement, le grand-prévôt, les capitouls et les officiers du corps de la ville se trouvaient seuls dans la cour où allait se passer l'exécution ; Montmorency leur dit d'une voix ferme et pleine de calme : « Je vous prie, messieurs, de témoigner au roi que je meurs son très humble sujet, et, avec un regret extrême de l'avoir offensé, dont je lui demande pardon, même à toute la compagnie. » Il se mit à genoux, à ces mots, devant le billot, cherchant à prendre une posture dans laquelle ses blessures ne lui causassent pas de gêne ;

après avoir récité son *in manus*, et avoir recommmandé à l'exécuteur, par qui il se fit bander les yeux, de ne pas frapper avant d'être averti, il baissa la tête, la releva un peu, et dit d'un accent bref : « Frappe hardiment! » Sa tête aussitôt vola sur le plancher.

Ainsi périt, le 30 octobre 1632, à l'âge de trente-huit ans, le maréchal, duc de Montmorency : avec lui finissait la branche cadette de cette famille si féconde en illustrations et la première de la branche ducale de Montmorency. Ses biens, quoique l'arrêt en eût ordonné la confiscation, retournèrent à sa sœur, mère du grand Condé. Son corps, embaumé par les dames de la Miséricorde et enveloppé d'un drap de velours noir, fut conduit à l'abbaye de Saint-Cernin, où le cardinal de Lavalette célébra un service auquel le Parlement et les principaux seigneurs de la cour assistèrent.

Louis XIII après l'exécution manda le père Arnoux pour être instruit des derniers momens du maréchal :

— Sire, lui dit le religieux, votre majesté a fait un grand exemple sur la terre par la mort du duc de Montmorency ; mais Dieu, par sa miséricorde, en a fait un grand saint dans le ciel... »

Le roi répondit en soupirant :

— Je voudrais, mon père, avoir contribué à son salut par des voies plus douces !

Au lit de la mort cependant, s'il faut en croire le témoignage des contemporains, l'inflexible esclave du cardinal déclarait au grand Condé que, parmi les regrets qui empoisonnaient ses derniers instans, le plus vif était de n'avoir pas pardonné à Montmorency.

En 1645, la duchesse fit transporter son corps à Moulins, où fut élevé un magnifique tombeau que l'on admire encore aujourd'hui dans l'ancienne église des Jésuites.

XVI

M. DE SAINT-PREUIL.

(1625).

Parmi les sanglans coups d'état qui signalèrent la puissance et la volonté de Richelieu, la mort de M. de Saint-Preuil fut le plus inique et le plus scandaleux sans doute, et peut-être est-il cependant celui auquel l'histoire ait donné le moins de retentissement. Accusé sans cause connue, jugé au mépris de toutes les lois, exécuté presque par surprise,

Saint-Preuil obtient à peine un souvenir de quelques mots dans les Mémoires des contemporains; son nom n'est relaté dans aucune histoire, et les Biographies elles-mêmes, ces memorandum de tous les trépas funestes, n'ont pas une page où s'enregistre son infortune.

Peu d'hommes cependant montrèrent plus de fermeté, plus d'énergie. Poursuivi par la haine du duc de Brézé, du maréchal de La Meilleraye et de M. Desnoyers, Saint-Preuil, accusé une première fois de concussion, s'était avec éclat justifié d'une imputation mensongère. Une malheureuse méprise fournit à ses ennemis l'occasion de le perdre, en renouvelant contre lui des plaintes et des attaques plus plausibles, mais non mieux fondées.

Simple capitaine aux gardes, Saint-Preuil s'était élevé, par sa valeur, au poste de gouverneur de Doulens; Louis XIII, après la prise d'Arras, où, pour Saint-Preuil, s'était présentée une nouvelle occasion de faire preuve de courage et de dévouement, l'avait nommé gouverneur de cette place, d'une importance d'autant plus grande, que là finissait la frontière, et qu'en-deçà quelques points encore,

Corbie et Bapaume particulièrement, qui n'en étaient séparés que de quelques lieues, étaient toujours occupés par les Espagnols, de qui l'on devait redouter incessamment les attaques.

Saint-Preuil, digne de la confiance du monarque, sut tenir et faire respecter ce poste important; disposé constamment à repousser toute démonstration agressive, et inquiétant l'ennemi de son côté par de fréquentes et habiles démonstrations.

Douai était au pouvoir des Espagnols encore. Un soir que l'avis lui avait été donné qu'une colonne de la garnison s'était mystérieusement mise en campagne, tandis que le maréchal de La Meilleraye concentrait ses forces entières sur l'attaque de Bapaume et de Corbie, Saint-Preuil, à la tête d'un corps éprouvé, sortit pour aller éclairer le mouvement des Espagnols. La nuit le surprit avant qu'il en eût eu de nouvelles. Vers une heure, alors qu'il retournait à Arras, un bruit de chevaux, d'armes et de piétons, se fit entendre, et l'avant-garde, où il se tenait toujours, poussa le cri de : Qui vive! A ce cri, on n'entendit pas de réponse :

— Qui vive ! fit Saint-Preuil une seconde fois de sa voix déjà impatiente.

— Vive Espagne ! répondit enfin un concert de voix fortes et sonores.

— Chargez ! chargez ! s'écria Saint-Preuil.

Et, le premier, il s'élança sur le corps épais, qui ne lui semblait pouvoir être composé que d'ennemis résolus.

C'était la garnison de Bapaume qui venait de se rendre au maréchal, et à qui un simple trompette servait d'escorte.

Saint-Preuil le reconnut trop tard. Déjà cette troupe accablée était en déroute, et ceux qui échappaient à la mort couraient en hâte du côté de Douai.

Il n'y avait là qu'une méprise. Le cardinal-infant s'en plaignit comme d'une trahison. Ses plaintes retentirent à la cour, les ennemis de Saint-Preuil en envenimèrent la portée; Richelieu, sans qu'on ait jamais su quel motif particulier de haine l'animait contre Saint-Preuil, promit sa mort, et ordre fut donné à La Meilleraye de se rendre avec son armée à Arras, et de s'emparer de la personne de Saint-Preuil, avant, disait la missive, qu'il pût s'enfermer dans la ville, se déclarer indépendant, ou se joindre lui-même aux Espagnols pour assurer son impunité.

Ce fut le 24 septembre que Saint-Preuil reçut avis de cette mesure. Son parti fut pris aussitôt. Après avoir dîné légèrement, il monta à cheval à dix heures du matin, et, suivi d'un seul domestique, sortit d'Arras par la porte de Ronville, pour aller trouver le maréchal, qui venait de faire halte à l'Abbaye d'Avesnes.

Arrivé aux portes de l'Abbaye, Saint-Preuil mit pied à terre. Le maréchal quittait la table, et se trouvait dans une salle basse, entouré de ses officiers. Saint-Preuil s'avança vers lui d'un pas ferme, et déjà le saluait avec respect, lorsque le maréchal, le saisissant d'un mouvement brusque par le milieu de son baudrier :

— Monsieur le gouverneur d'Arras, dit-il, j'ai ordre du roi de vous arrêter.

— Je le savais, répondit Saint-Preuil sans se troubler; je viens ici pour me soumettre aux ordres du roi; une heure suffira à ma justification.

— J'en serai aise, répliqua le maréchal; mais remettez-moi votre épée.

— La voilà, continua Saint-Preuil, en la lui donnant d'un air calme.

Puis, se tournant vers les officiers qui entouraient La Meilleraye, et dont la plupart avaient porté les armes contre l'armée, dans les dernières guerres civiles, notamment au combat de Castelnaudary :

— La voilà, répéta-t-il ; mais sachez bien, messieurs, qu'elle n'a jamais tranché que pour le roi !

Tandis que cette scène se passait à l'Abbaye d'Avesne, le sieur Sobelin, intendant de l'armée, se rendait à l'hôtel de Saint-Preuil, pour y saisir tous ses papiers, écrits, promesses, effets, argent, et faisait arrêter Le Franc, son secrétaire ; Poirier, les deux frères Vanier et Scorion, gardes-magasins. Les tambours battaient aux champs en même temps pour réunir ses deux régimens, d'infanterie et de cavalerie, qui sortirent aussitôt d'Arras, où les régimens des Gardes et de Piémont les remplacèrent immédiatement.

Quant à Saint-Preuil, remis d'abord en garde au sieur de Mance, enseigne des gardes du cardinal, il fut ramené vers midi à Arras, et conduit au logis de Duplessis-Bellièvre, lieutenant de roi de la ville, et de là transféré à Saint-Waast, où il demeura trois jours, étroitement gardé, en attendant que les ordres du roi vinssent décider de son sort.

Ces ordres arrivèrent enfin, et, le 28, sans qu'il sût quelle route on lui faisait prendre, Saint-Preuil sortit d'Arras, dans le carrosse même de La Meilleraye, où l'enseigne de Mance, quatre autres officiers, et son secrétaire, prirent place à côté de lui. Une escorte de cent vingt hommes de cavalerie, placée devant et derrière le carrosse, fut chargée d'assurer la marche, tandis que le maréchal lui-même, entouré d'une foule de gentilshommes et d'officiers de son armée, suivait à une courte distance pour imposer aux populations de la province, qui ne voyaient pas sans émotion cet enlèvement du gouverneur, qui, dans un pays récemment conquis, avait su se faire également redouter, respecter et chérir.

On prit le chemin de Corbie, où l'on arriva tout d'une traite. Là, le maréchal, avant de remettre son prisonnier aux mains du gouverneur Hodencourt, vint prendre congé de lui, et lui dit, avant de le quitter pour rejoindre sa femme qui l'attendait à Chaulne :

— Monsieur de Saint-Preuil, bien que vous ne me croyiez pas votre ami, si est-ce que je vous le veux montrer être, en foi d'homme d'honneur! Je vous servirai de bon cœur, vous pouvez vous en assurer, et avoir confiance en moi!

Saint-Preuil ne répondit pas à cette avance; mais Hodencourt, le gouverneur de Corbie, qui avait fait avec lui ses premières armes, s'adressant sur ce propos au maréchal :

— Monsieur, dit-il, je ne doute pas que M. de Saint-Preuil ne conçoive une bonne espérance de son salut, puisque c'est vous qui l'avez arrêté. Vous avez été son prévôt par avance, et ne voudriez pas être son bourreau maintenant. Je crois que vous serez son intercesseur, c'est ce qui me console ; car le roi reconnaîtra le service qu'il lui a rendu et est encore capable de lui rendre.

Le lendemain 29, Saint-Preuil sortit de Corbie sous la même escorte, et le triste cortége arriva à Amiens vers dix heures du matin, trompettes sonnantes par les rues et carrefours de la ville. Le carrosse, arrivé aux plans de la citadelle, le sieur de Cournillon, lieutenant-commandant, s'y présenta avec les ordres du roi, dont il fit lecture. Ce préliminaire terminé, Saint-Preuil s'avança vers la citadelle d'un pas ferme, brisant, au moment de passer le pont-levis, une petite canne d'écaille fine qu'il tenait à la main, comme par mauvais augure, et pour dire qu'il ne devait plus jamais commander. Il pria ensuite qu'on lui fît apporter une petite cassette qu'il avait remise en dépôt à son médecin, du Molin, et dans laquelle se trouvaient vingt-deux mille livres.

Déjà Bellejamine, intendant de la justice de Picardie, avait reçu l'ordre de commencer le procès. La commission à lui délivrée portait de se faire assister des juges présidiaux d'Amiens et d'Abbeville, et du lieutenant-général de Montreuil-sur-Mer, en qualité de procureur du roi. Une sorte d'instruction eut lieu aussitôt à Arras. Les gens du conseil d'Artois, ceux de l'échevinage et les plus notables bourgeois furent assemblés. Bellejamine les harangua, en les assurant que jamais Saint-Preuil ne reverrait Arras ; il les pressa de faire leurs plaintes, les provoqua à dénoncer tout ce qui pouvait avoir apparence de grief, et parvint enfin à réunir un assez grand nombre de témoins, tant de la gouvernance d'Arras que de celle de Doullens, qu'il fit immédiatement partir pour Amiens, où, tous, ils furent logés et défrayés aux dépens du roi, dans l'auberge à l'enseigne de *l'Assigné*.

Le vendredi 8 novembre, Saint-Preuil comparut devant ses juges. Vingt mousquetaires et six gardes-du-corps du roi l'amenèrent à la chambre criminelle du bailliage, où siégeaient douze conseillers du présidial d'Amiens, et douze du présidial d'Abbeville, sous la présidence de l'intendant Bellejamine.

Interpellé par ses juges, Saint-Preuil déclara qu'il avait toujours servi le roi en gentilhomme, et raconta sa vie, toute de loyauté, de dévouement et d'honneur. Sur le reproche de l'accusation, d'avoir levé des contributions et deniers contre les ordonnances, il déclara qu'il avait pu le faire sans forfaiture comme sans scrupule; et, à l'appui de cette assertion, il produisit des lettres du roi lui-même, où se trouvaient, entre autres passages, ces mots tracés de la main royale : « Brave et généreux

« Saint-Preuil, vivez d'inductions ; plumez la
« poule sans qu'elle crie ; faites ce que font
« beaucoup d'autres dans leurs gouverne-
« mens, tout est bien par vous, vous avez
« tout pouvoir dans votre empire ; tranchez,
« tout vous est permis. »

Saint-Preuil produisit encore de semblables pouvoirs émanés du roi, du cardinal et de M. de Noyer. Il se défendit avec une telle énergie, sur tout ce qui était relatif à la funeste rencontre de Bapaume, que les juges et le procureur du roi lui-même renoncèrent à l'accusation sur ces chefs.

Bellejamine, en présence de ces dispositions favorables, s'opposa à ce qu'on allât aux voix, et fit retirer l'accusé, que n'avaient pu entendre sans émotion ces hommes cependant choisis pour le perdre.

La commission se réunit dès six heures, le lendemain. Le procureur du roi soutint longuement l'accusation ; le président se joignit à lui, et renchérit même sur ses paroles, pour faire mieux sentir la nécessité d'une condamnation qu'il avait promise.

Cependant, le lieutenant général d'Amiens, rapporteur du procès, se contenta d'opiner pour la prison seulement, que le condamné tiendrait durant le bon plaisir du roi; et, comme le président Bellejamine relevait, en la baffouant, cette opinion du magistrat vénérable :

— Monsieur, répondit sans s'émouvoir le rapporteur, ma vie, mes enfans, mes biens, sont au roi; mais mon âme et ma conscience sont à Dieu. J'ai dit mon opinion au plus juste d'icelle, et personne n'est capable de me faire dire le contraire.

— Bien! bien! répondit Bellejamine, avec une inflexion de voix dérisoire; puis, se tournant vers le président Paschat, d'Ableville, il lui demanda son opinion : — La mort! répondit le président.

Et les autres juges répétèrent comme en écho cette inique et décisive parole.

Les portes de la ville avaient été fermées dès le commencement du procès. Bellejamine disposa en hâte les préparatifs de l'exécution. Quatre compagnies privilégiées furent échelonnées pour garder toutes les avenues de la place; le régiment de Champagne, cantonné dans les faubourgs, prit les armes, et l'échafaud se trouva dressé, lorsqu'à peine le *dictum* venait d'être signé par les juges.

A une heure, Saint-Preuil fut extrait de sa prison pour être conduit dans la chambre du conseil de l'Hôtel-de-Ville; il fit le trajet dans un petit carrosse, avec le sieur de Guerriel, escorté et suivi des gardes-du-corps, des Suisses, des archers de ville, de robe-courte, et de la maréchaussée. Là, Guerriel le mit aux mains du prévôt des maréchaux et de ses archers. Alors, d'un pas ferme, d'une contenance assurée, il s'avança vers la chambre du conseil, où lecture lui fut donnée, en présence de Bellejamine et des juges, de l'arrêt dont voici la teneur :

« Vu le procès extraordinairement instruit, à la requête du procureur du roi, à messire François de Jussac d'Ableville, sieur de Saint-Preuil, maréchal des camps et armées de sa majesté, ci-devant gouverneur de la ville et cité d'Arras, à présent prisonnier dans la ville d'Amiens, accusé de concussion, voleries et exactions sur les sujets du roi, levées et impositions de deniers, tant sur les villages qu'aux portes de ladite ville, oppressions et violences à l'endroit des officiers de justice, excès, outrages contre ceux qui ont été préposés aux affaires de sa majesté, et autres crimes énormes, au préjudice de sa charge et du service du roi ;

« Charges et informations par nous faites ès villes d'Arras, Doullens et Amiens, bourgs et villages voisins ; le sieur de Saint-Preuil, mandé en la chambre du conseil, a été ouï sur la sellette, auparavant procédé au jugement du procès, tout considéré ;

« Nous, par jugement souverain et en dernier ressort, avons déclaré ledit François de Jussac d'Ableville, sieur de Saint-Preuil, dûment atteint et convaincu des cas à lui imposés ; et, pour réparation condamné ledit de Jussac à avoir la tête tranchée sur un échafaud, qui sera, pour cet effet, dressé en la place, devant l'Hôtel commun de cette ville ; ses biens acquis et confisqués au roi ; sur iceux préalablement pris la somme de vingt mille livres, applicable, moitié en œuvres pies aux hôpitaux d'Amiens, d'Abbeville, d'Arras et Doullens, moitié aux réparations des sièges royaux desdites villes, et autre somme de trente mille livres pour être employée à la restitution des deniers pris et levés, et autres pertes souffertes par les communautés et particuliers pillés et ruinés par les ordres et commandemens dudit sieur de Saint-Preuil.

« Donné à Amiens, prononcé et exécuté le 9 de novembre 1642. »

Cette lecture terminée, Saint-Preuil salua civilement ses juges, qui se retiraient; et, comme il se retournait pour voir si quelqu'un restait encore dans la salle, un jeune homme de bonne mine entra, en disant :

— Monsieur, je suis l'exécuteur !

— Eh bien ! est-il temps ? répondit Saint-Preuil.

— Non, monsieur; mais c'est la coutume de lier les condamnés.

— Eh bien ! lie, reprit Saint-Preuil presque en souriant; Jésus-Christ a bien été lié; mais ne serre pas, car, moi, ce n'est que par pure forme.

— Il faut aussi couper vos cheveux, dit le bourreau, après lui avoir faiblement attaché les mains, sur lesquelles il jeta son mouchoir bordé de dentelles.

— C'est juste, répondit Saint-Preuil. Je te donne grand'peine, mon ami, et n'ai pas un pauvre écu pour te témoigner ma gratitude !

Les cheveux coupés, le bourreau abaissa le collet de sa chemise, et, lui ayant découvert les épaules, chercha son manteau pour l'en couvrir. Un archer l'avait dérobé, et force fut de lui cacher seulement les reins avec sa veste, ce qui le força de se rapprocher du feu, en attendant le moment fatal, car le froid se faisait vivement sentir.

À deux heures, Saint-Preuil sortit du Palais pour s'avancer vers l'échafaud, et déjà il en avait atteint le pied, et se disposait à franchir la première marche, lorsqu'un homme se précipita sur son passage, criant « qu'il voulait lui faire grâce, qu'il était le maître du monde, et pardonnait à tant de fermeté et de repentir ! » C'était un fou, que l'on écarta à grand'-peine, et dont l'action cependant ne laissa pas d'exciter dans l'assemblée une rumeur qui fit précipiter encore les derniers momens de cette exécution déjà si rapide.

Un petit échafaud avait été dressé à deux pieds environ au-dessous de l'échafaud principal ; la tête, tranchée d'un seul coup, tomba dessus, et de là roula sur la terre. Une femme, qu'à son vêtement on reconnaissait pour être de Paris, et que la rumeur populaire désignait

comme ayant été jadis l'hôtesse de l'infortuné
Saint-Preuil, la ramassa et la mit dans son
tablier, pour la porter dans un carrosse placé
tout proche, et où le corps, enveloppé d'un
drap noir, fut mis bientôt.

La dépouille mortelle de Saint-Preuil, déposée par le médecin du Molin dans un cercueil de plomb, fut présentée, à sept heures du soir, à l'église des Feuillans d'Amiens, au milieu d'un immense concours de noblesse et de bourgeoisie. Là, elle fut déposée dans la chapelle de la Vierge, où se voit encore aujourd'hui le monument qui rappelle la fin tragique de cette innocente victime du vieux et implacable cardinal.

XVII

FRANÇOIS DE MONTMORENCY-BOUTEVILLE ET DESCHAPELLES.

(1625).

La fureur du duel, contre laquelle s'élève depuis quelque temps, avec une nouvelle énergie, un cri de réprobation de la part de tous les gens de bien, a dès long-temps été l'objet de la sévère sollicitude de nos lois, sans que jamais le préjugé barbare sur lequel elle repose ait pu s'extirper de nos mœurs. En vain, avec sa volonté de fer, Richelieu tenta d'abolir ce cruel usage; la peine capitale, prononcée contre les duellistes par un édit enregistré au Parlement, ne put opposer une assez forte barrière à l'empire du préjugé, et le terrible exemple offert par le supplice de Montmorency-Bouteville et du comte Deschapelles, les deux premières victimes de cette implacable loi, demeura sans fruit pour une noblesse aveugle et fière, plaçant sa gloire à braver le cardinal et mettant son orgueil à courir un double péril dans la tragique chance du duel.

Au milieu de la jeunesse ardente qui semblait remettre en honneur, sous les premières années de Louis XIII, les mœurs des raffinés d'un autre règne, Montmorency-Bouteville et Deschapelles s'étaient surtout signalés par leur humeur querelleuse et le nombre de leurs combats particuliers. Lorsque la loi qui prononçait peine de mort contre le duel fut proclamée, une rencontre récente les avait forcés de prendre la fuite et de se retirer en Flandre; de là, ils sollicitaient, par l'entremise de l'archiduchesse, la permission de rentrer dans le royaume. « Tout ce que je puis faire, avait répondu le roi aux pressantes sollicitations présentées en leur faveur, c'est de ne point ordonner de recherches exactes si M. de Montmorency-Bouteville revient sur la terre de France; mais qu'il se tienne pour averti de ne pas reparaître à la cour, ni même dans Paris. »

L'archiduchesse fit part à Montmorency de cette réponse qui eût dû lui inspirer une juste crainte, mais où sa présomption ne voulut voir qu'une marque de faiblesse. « Je demandais une abolition, répondit-il avec une fierté mêlée de colère; puisqu'on me la refuse, je me battrai en bref à Paris, et dans la place Royale, au plein soleil ! »

Il partit en effet aussitôt pour Paris, où il arriva le 10 mai 1627; dès le lendemain, il faisait avertir de son retour M. de Beuvron, avec qui il avait eu une ancienne querelle. M. de Beuvron se rendit aussitôt près de lui, convint de l'heure, du lieu du combat, puis alla trouver son beau-fils Bussy-d'Amboise. « Je suis horriblement travaillé de la fièvre depuis douze jours, dit Bussy, en apprenant la provocation faite à son beau-père; mais quand j'aurais la mort entre les dents, je veux être de cette partie. »

Le 12 de mai 1627, trois combattans de chaque côté se rendirent à deux heures après midi à la place Royale ; Montmorency-Bouteville, son écuyer et le comte Deschapelles, d'une part ; de l'autre, M. de Beuvron, son écuyer et Bussy-d'Amboise. Le combat fut long, vif et acharné : l'habileté était égale, le point d'honneur animait également les deux partis ; après les assauts les plus vigoureux, Bussy, atteint au-dessous de la mamelle droite, tomba sans connaissance aux pieds de Deschapelles, et mourut un quart d'heure après, sans avoir proféré une seule parole.

L'honneur était satisfait dès lors : Beuvron et son écuyer se sauvèrent en Angleterre ; Montmorency et Deschapelles prirent la poste en hâte pour se réfugier en Lorraine ; un retard causé à quelques lieues par le manque de chevaux mit obstacle malheureusement à la rapidité de leur fuite, et devint la cause de tous leurs malheurs.

Le roi, en effet, instruit de ce combat, avait ordonné au grand-prévôt de France et de son hôtel, de poursuivre Montmorency et Deschapelles ; ils furent rejoints à Vitry-le-

Brûlé, où on les trouva couchés dans le même lit.

— Levez-vous, messieurs, dit le grand-prévôt, après s'être saisi de leurs épées ; j'ai commandement de vous arrêter.

— Vous vous trompez, mon ami, reprit Deschapelles, regardez à ce que vous faites, nous sommes gens de qualité qui passons notre chemin.

— J'ai à exécuter mes ordres, répliqua sans s'émouvoir le grand-prévôt.

— Allons, il ne faut pas tant faire le doucet, dit alors Montmorency à son ami, nous en serons quittes pour le cou !

Et, sautant lestement hors du lit, il se mit à s'habiller en demandant au grand-prévôt des nouvelles de Paris, de la cour, et de l'impression surtout qu'avait produite la rencontre de la place Royale.

Ils arrivèrent à Paris le dernier jour du mois de mai, à deux heures du matin, et furent enfermés à la Bastille. Le roi donna ordre au Parlement de commencer immédiatement leur procès, et de s'en occuper toute affaire cessante.

Interrogé dès le lendemain, Montmorency-Bouteville avoua ce qui s'était passé ; mais Deschapelles répondit à toutes les questions qu'il ignorait ce qu'on voulait dire, et qu'il ne savoit où était la place Royale ni le marquis de Bussy.

Le lendemain de cet interrogatoire, madame de Montmorency, mère de Bouteville, ayant attendu le roi au sortir de la chapelle, se jeta tout en larmes à ses pieds, et lui demanda la grâce de son fils. Le roi passa sans s'arrêter, et dit seulement avec émotion en se tournant vers le cardinal : « Cette dame me fait grand'pitié ; mais je dois et veux conserver mon autorité. »

Cette sévère parole était pour la famille et les amis des malheureux prisonniers un présage sinistre que ne tarda pas à confirmer l'évêque de Mantes, qu'on leur envoya pour leur inspirer des sentimens de religion, en leur annonçant que le roi était irrévocablement décidé à faire un grand et terrible exemple.

Le prince de Condé, parent de Montmorency-Bouteville écrivit alors au roi la lettre suivante :

« Sire, je joins ma très humble prière à

celle de tous les parens de mon cousin de Bouteville, pour implorer la pitié de votre majesté à lui faire grâce. Il a failli par l'erreur de la coutume de votre royaume, qui fait consister l'honneur en des actions périlleuses; ç'a été cette opinion de gloire, et non un dessein prémédité de vous désobéir, qui l'a porté à cette licence. Que si, pour maintenir la loi que votre majesté a faite, et pour la nécessité de l'exemple, il importe qu'elle ordonne des peines à ce coupable, faites, s'il vous plaît, sire, qu'elles n'aillent pas à la ruine de son être et à la honte de son nom. Votre bonté et votre justice peuvent trouver leur commune satisfaction à la perte de sa liberté, sans celle de sa vie, et une prison perpétuelle aura assez de rigueur pour assager son courage et celui des autres. Il est possible qu'un jour, cette même valeur qui déplaît à votre majesté, réparera généreusement sa faute pour le service de l'État, et si votre majesté la réserve à cet usage, elle mettra dans tous les cœurs qui participent à son sang et à sa disgrâce une éternelle reconnaissance. »

A cette lettre, le duc de Montmorency qui, depuis périt lui-même sur l'échafaud, en joignit une autre dont nous ne citons que quelques passages :

« Sire, si j'eusse osé, sans la permission de votre majesté, sortir de cette province, je me fusse allé jeter à ses pieds, et demander grâce pour mon cousin de Bouteville.... C'est le malheur du siècle, sire, la maladie de ceux de son âge et de son humeur, et un malheur particulier qui l'accompagne, et qui le rend sans doute plus coupable qu'aucun dessein de déplaire à votre majesté, puisqu'il porte un nom auquel la fidélité et l'obéissance sont invariablement attachées.

« Je crois pouvoir le dire sans mentir, et avoir le droit de demander à votre majesté, que je doive la vie de ce malheureux, en récompense de plusieurs de ses prédécesseurs et des miens, qui l'ont si glorieusement perdue pour le service du roi, et pour le bien de votre couronne; et si ceux que j'ai tâché de rendre à votre majesté peuvent mériter quelque considération, je lui en ose rappeler le souvenir, pour éloigner ceux de sa justice et approcher ceux de sa miséricorde, etc. »

Résolu de demeurer inflexible, le roi fit la réponse suivante au duc de Montmorency :

« Mon cousin, je m'assure que vous ne douterez point que je n'aime et chérisse votre personne, et ne considère votre main comme celle qui, entre les plus anciennes et illustres de mon royaume, doit avoir acquis près de moi une particulière recommandation pour son rang, pour son alliance et pour tous les grands services que cet État a reçus de vos prédécesseurs, de ceux de votre nom et de vous-même. Je veux croire aussi que vous ne doutez point que je ne prise et fasse estime des hommes de courage, et que leur conservation ne me soit aussi chère que toute autre chose qui soit en ma puissance.

« Ces considérations vous doivent donc faire juger du déplaisir que j'ai eu de la faute de feu Montmorency-Bouteville, et combien j'aurais désiré pouvoir donner aux prières qui ont été employées en sa faveur, et aux vôtres, la grâce qui m'avait été demandée. Personne ne peut aussi mieux savoir que vous avec quelle patience j'avais toléré et pardonné tant d'actions commises par lui contre les lois de cet État; mais enfin Dieu voulut que lui-même se mît entre les mains de la justice; il est vrai que j'ai été contraint de surmonter mes propres sentimens, et le désir de l'inclination que j'avais, comme j'aurai toujours, d'avoir égard à ce qui vous touche, pour ne point attirer le juste courroux de Dieu sur ma tête, en voulant sauver celle d'un particulier violant les sermens si exprès que j'ai faits en sa présence sur le fait des duels, et pour ne point encourir envers le monde le blâme d'être la cause de l'infraction de mes édits, et du mépris de mon autorité; et ce qui me touche plus à cœur, de la part de la noblesse, de qui le sang et la vie ne m'est pas moins chère que la mienne propre.

« Aussi je ne puis me représenter sans de très vifs sentimens le nombre de braves gentilshommes que le détestable usage des duels a ravis à cet Etat depuis quelques années; combien de nobles et bonnes maisons ont été éteintes, et que l'excès en fût arrivé à ce point, que les plus grands de mon royaume fussent seuls à être provoqués au combat, sans nulle cause ni fondement. Tous ces désordres parvenus à cette extrémité, faute de punition, m'ont forcé de laisser agir la justice, en quoi Dieu sait combien mon esprit a été agité et combattu, et si mon déplaisir aura été moindre que celui que vous avez pu sentir de l'issue de ce procès ; ce que j'ai bien voulu vous faire entendre par le sieur de La Saludie, que j'envoie exprès vers vous pour ce sujet, afin de vous témoigner la considération dont, comme je suis assuré, vous continuerez à vous rendre digne par vos bonnes actions. Sur ce, je prie Dieu, mon cousin, vous avoir en sa sainte et digne garde. »

Louis XIII, on le voit, écrivait comme si déjà le jugement eût reçu son exécution ; il n'était pas rendu encore cependant. Le 21 juin seulement, les prisonniers furent conduits au Parlement. Le comte de Montmorency-Bouteville entra le premier, et s'étant assis sur la sellette, il salua ses juges, et ne répondit que par oui et par non, à toutes les interrogations qui lui furent faites.

Deschapelles avait résolu de défendre sa réputation sinon sa tête ; il adressa au Parlement un discours où il paraissait mépriser la mort et n'être touché que de la honte de paraître mourir coupable.

« Je déteste, dit-il en terminant, je déteste

avec exécration cette aveugle fureur qui, me bandant les yeux du jugement, m'a précipitamment jeté dans la disgrâce de sa majesté, plutôt que la malice d'aucune rebelle témérité. A la mienne volonté que je puisse perdre mille vies pour racheter la liberté qui me conservait l'innocence; mais, puisqu'il plaît à la justice divine de tirer à ce coup vengeance de mes péchés, je me soumets à tous les châtimens, sans plus me soucier que de mon âme. »

Reconduits dans leur prison, Bouteville et Deschapelles soupèrent gaiement, et, dix heures venant à sonner, se retirèrent chacun dans leur chambre, et se mirent au lit, où ils ne tardèrent pas à s'endormir, après s'être réciproquement souhaité une bonne et dernière nuit.

La famille de Montmorency tenta une dernière démarche auprès du roi, mais les portes du Louvre lui furent fermées; le monarque, pour éviter d'être témoin de la douleur de tant de personnages illustres, fit dire qu'il était hors d'état de recevoir.

A onze heures, Audrenas, commandant

des archers préposés à la garde de Bouteville, entra dans sa chambre pour l'avertir que le moment était venu de descendre à la chapelle.

— Je suis à vous, répondit le prisonnier sans s'émouvoir; et, comme le capitaine lui demandait comment il envisageait la mort qui était si proche : — J'y suis tout résolu, dit-il; mais mon cousin, qui est jeune, riche, parent des plus grands seigneurs de France, pourra se fâcher quand on lui parlera de mourir.

Il préjugeait mal du courage de son compagnon d'infortune. Deschapelles reçut sans pâlir la nouvelle que sa dernière heure était venue. Ils entendirent ensemble la lecture de leur arrêt, puis les exécuteurs s'emparèrent d'eux, leur lièrent les mains, et les conduisirent dans le Jubé, où l'évêque de Nantes, assisté d'un nombreux clergé, les attendait pour les préparer à la mort.

A cinq heures, ils furent conduits à la Grève. L'exécuteur, dit le procès-verbal, coupa dans la charrette les cheveux de Bouteville, sans que celui-ci parût faire attention à cette préparation cruelle; mais lorsqu'il voulut lui couper la moustache, il y porta vivement la main.

— Il ne faut plus songer au monde, lui dit alors l'évêque de Nantes; mon fils, y songez-vous encore?

Arrivés au pied de l'échafaud, Bouteville y monta le premier, et se mit à genoux, tandis que l'évêque de Nantes entonnait le *Salve*, auquel le peuple répondit d'une voix émue. Le bourreau demanda à Bouteville s'il fallait lui bander les yeux.

— Cela est inutile, répondit le comte, nous nous sommes vus souvent, la mort et moi.

A peine ces mots étaient prononcés, qu'il recevait le coup fatal.

Deschapelles, debout dans la charrette, le dos tourné à l'échafaud, entendit le bruit sourd du coup qui venait de trancher la tête de son ami.

— Mon cousin n'est plus, dit-il en levant les yeux au ciel, prions Dieu pour lui!

Puis, d'un pas ferme, il monta sur l'échafaud, et, saisissant la main de Bouteville que glaçait déjà la mort, il la porta avec effusion à ses lèvres. Un instant après, il avait cessé de vivre.

Leurs corps sanglans furent aussitôt enveloppés dans un drap de velours noir, et transportés à l'hôtel d'Angoulême, dans le propre carrosse de Bouteville. Le lendemain, ils furent conduits à Montmorency où on leur fit de magnifiques obsèques.

XVIII

MM. DE CINQ-MARS ET DE THOU.

(1642.)

Nous avons rapporté déjà dans nos récits l'histoire de quelques-uns de ces tragiques trépas qui teignent de rouge dans nos annales les pages de la domination de Richelieu. Le plus déplorable épisode peut-être de cette lutte énergique du cardinal contre les habitudes de trahisons, de conspirations et de révoltes, que la licence de la ligue et les excès des guerres civiles avaient profondément enracinées dans les mœurs de la vieille noblesse, fut le procès et le supplice des jeunes Cinq-Mars et de Thou.

Fils du marquis d'Effiat, maréchal de France et surintendant des finances, Cinq-Mars, dès l'âge de dix-neuf ans, avait été élevé à la dignité de grand-écuyer de France. Son élégance, son habileté, sa grâce, ne tardèrent pas à en faire le plus aimé des favoris du faible fils de Henri IV. Richelieu, qui l'avait poussé à ce haut degré de familiarité et de faveur, résolut d'en faire un instrument propre à accroître, s'il était possible, l'empire qu'il avait déjà sur l'esprit et la volonté de Louis XIII ; la légèreté du jeune Cinq-Mars, son ambition, s'opposèrent à ce qu'il se pliât aux projets du cardinal, et préparèrent à la fois sa ruine et la terrible catastrophe qui en devait être le dénoûment.

La résistance de Cinq-Mars ne se manifesta pas tout d'abord, et pendant quelque temps il servit avec dévouement les vues de Richelieu ; éloignant de la cour madame d'Hautfort et mademoiselle de Chemereau, qui avaient des vues sur le cœur du roi, servant le ministre de son ascendant sur la résolution du monarque, et lui rendant compte de ses plus secrètes pensées. Une telle harmonie ne pouvait durer entre deux esprits également altiers et impétueux ; le premier brandon de discorde fut jeté par La Chesnay, valet de chambre du roi, intrigant ambitieux dont s'était servi jadis le cardinal, et que la faveur du grand-écuyer rendait jaloux.

Louis XIII était dévot alors (1642); Cinq-Mars, dans son allure, dans sa conduite et dans ses mœurs, rappelait la licence du règne précédent ; passant les nuits en orgies avec Marion Delorme et ce que la cour avait de joyeux seigneurs, parlant librement de la religion, de la noblesse et du roi lui-même, dont il disait :

— Je suis bien malheureux en vérité de passer la journée entière avec un homme qui m'ennuie à l'heure et toujours !

La Chesnay rapportait tous ces discours au roi : il lui fit un tableau exagéré de sa conduite, et parvint à l'animer à ce point contre lui qu'une explication s'ensuivit, explication vive des deux parts, où le monarque et le favori se dirent quelques vérités assez dures, mais qui se termina, comme il arrive d'ordinaire, par un raccommodement dont la disgrâce du dénonciateur fit les frais.

Ce raccommodement fut-il sincère ? Il serait difficile de le préciser, mais toujours est-il qu'après de nouvelles brouilleries, après des reproches et des récriminations excitées par le cardinal, à qui les hauteurs, l'imprudence et l'indiscrétion de Cinq-Mars commençaient à porter ombrage, une rupture éclatante eut lieu, qui sépara tout-à-fait Cinq-Mars du roi, animé d'un esprit de défiance, et de Richelieu, reconnaissant un peu tard que là où il n'avait cherché qu'un instrument il avait pensé trouver un rival.

Dès lors Cinq-Mars, qu'on appelait M. Le Grand, entra dans les intérêts de Gaston, ennemi déclaré du premier ministre, et qui, par l'entremise de Fontrailles, concluait à Madrid un traité dont voici les principaux articles :

« Philippe s'engageait à fournir douze ou quinze mille hommes de vieilles troupes; à faire remettre à Monsieur, qui devait se rendre à Sedan, quatre cent mille écus pour faire des levées, douze mille écus de pension par mois, quarante mille ducats par an à M. de Bouillon, et autant à Cinq-Mars; cent mille livres pour mettre Sedan en état de défense, et vingt-cinq mille livres par mois pour l'entretien de la garnison. Le but de l'union étant la paix entre la France et l'Espagne, on mettait pour préliminaire qu'il ne serait rien fait de contraire aux intérêts du roi. »

Le ministre, malgré sa défiance habituelle et son infatigable activité, ignora pendant quelque temps la conspiration qui se tramait. Dès qu'il en fut instruit, il pressa le roi de faire arrêter Cinq-Mars. Louis hésita d'abord, puis finit par signer l'ordre dont M. de Charost, capitaine des gardes, fut chargé d'assurer l'exécution. Huit jours après, Cinq-Mars, qui se trouvait à Narbonne avec la cour, était arrêté ainsi que de Thou, fils du célèbre historien, contre qui le cardinal nourrissait une haine secrète, et qui devait payer de sa tête la confidence de Fontrailles qui, à son retour d'Espagne, lui avait montré le traité.

Enfermé d'abord à la citadelle de Montpellier, Cinq-Mars fut conduit, après avoir subi un premier interrogatoire, et sous une escorte de six cents chevaux, au château de Pierre-

Encise, près de Lyon ; pendant ce temps, le cardinal, qui se trouvait à Montpellier, remonta le Rhône jusqu'à Valence, traînant à sa remorque, dans un bateau, le malheureux de Thou. Ce fut à Valence qu'on imagina, pour transporter plus commodément le ministre, dont la position était désespérée, de construire une chambre portative assez grande pour contenir un lit, une chaise et une table, le tout recouvert d'un damas cramoisi sur lequel s'étendait une toile cirée aux momens de pluie.

Il arriva ainsi à Lyon le 5 septembre. Le chancelier Séguier, ennemi personnel de Cinq-Mars, l'y avait devancé, sur une lettre adressée par le roi au Parlement ; ainsi Richelieu venait lui-même, porté par ses gardes, pour diriger la procédure, et redoubler par sa présence et sa volonté l'active énergie du tribunal, ou plutôt de la commission.

Le 11, l'instruction était terminée, et le procureur général, sur les informations, requit : « Que M. Le Grand fût déclaré atteint et convaincu du crime de lèse-majesté, condamné à avoir la tête tranchée, et, avant l'exécution, être appliqué à la question, pour déclarer ses autres complices. Il requit aussi que, jusqu'à ce jugement, le procès des sieurs de Bouillon et de Thou fût sursis. »

Ce n'était point assez pour le cardinal : il fit venir les commissaires les uns après les autres dans son appartement, et leur recommanda de juger les accusés sans indulgence, selon la sévérité des lois. Il repartit alors de Lyon, le 12, tellement assuré du résultat du procès, qu'avant de quitter la ville, il donna les ordres précis du détail de l'exécution.

Le vendredi 12 septembre 1642, la commission nommée par le roi pour juger Cinq-Mars et de Thou s'assembla dès sept heures du matin dans le palais du présidial de Lyon. Quatorze membres la composaient : le chancelier de France, le premier président du Parlement de Grenoble, un second président du même Parlement, quatre conseillers d'état, un maître des requêtes et six conseillers du Parlement de Dauphiné; le procureur général du roi audit Parlement, remplissant les fonctions de procureur du roi.

Cinq-Mars, amené devant les juges par le chevalier du guet, crut d'abord qu'il n'était mandé que pour déposer contre de Thou. Les premières questions, en effet, roulèrent sur ce sujet. Avant de répondre, se levant de dessus la sellette, il alla parler à l'oreille du chancelier; puis, voyant qu'on reprenait dans les questions l'affaire dès son origine, et se croyant trahi par de Thou :

— Je vois où vous en voulez venir, monsieur, dit-il; pour abréger l'affaire, et puisqu'on m'a manqué de parole, je dirai tout ce que j'en sais, dispensé que je me crois de tenir la mienne.

Il dit le détail de l'affaire, en effet, sans dissimuler que M. de Thou eût eu connaissance du projet et des négociations entamées avec l'Espagne.

De Thou fut interrogé à son tour, et nia d'abord avoir entendu parler du traité; mais, instruit des aveux de Cinq-Mars, il dit d'une voix ferme et résolue :

— Allons! je n'ai aucun dessein de chicaner ma vie, car durant ces trois mois de ma prison, j'ai étudié la mort.

Il avoua ensuite qu'il avait eu connaissance du traité, mais qu'il n'en avait pas révélé le secret, ne voulant pas dénoncer un fils de

France sans preuves, et pensant d'ailleurs que ses conditions impraticables rendaient le traité sans danger, et en devaient forcément annuler l'effet.

Les juges se levèrent alors, et, tandis qu'on faisait retirer les accusés :

— Eh bien ! monsieur, dit vivement le chancelier au procureur général, trouvez-vous à présent qu'il y en ait assez contre M. de Thou ?

— Sa confession, monsieur, répondit celui-ci, la déposition de M. Le Grand et les pièces du procès font preuve, et le devoir de mon office m'oblige à demander le supplice capital ; j'espère cependant, ajouta-t-il, qu'au regard de M. de Thou, mon avis ne sera pas suivi.

L'avis fut unanime pour condamner M. de Cinq-Mars à mort. Un des juges proposa la peine des galères contre M. de Thou ; un autre approuva toute autre peine que la mort : l'avis des douze autres juges l'emporta, et le chancelier écrivit en hâte, sur le bureau même, un billet que le chevalier du guet Picard fut chargé de porter au cardinal.

A deux lieues de Lyon, il recevait la nouvelle :

— M. de Thou! s'écria-t-il, M. de Thou, à mort! M. le chancelier m'a délivré là d'un grand fardeau!

Puis il ajouta avec un soupir :

— Mais, Picard, ils n'ont point de bourreau à Lyon!

Pendant ce temps, M. de Laubardemont, conseiller d'état rapporteur, et M. Robert de Saint-Germain, conseiller au Parlement de Grenoble, se rendaient près des prisonniers, pour faire en leur présence lecture de l'arrêt de mort.

— Eh bien! monsieur, dit en les voyant M. de Thou à Cinq-Mars, humainement parlant, je pourrais me plaindre de vous; mais Dieu sait combien je vous aime; mourons courageusement, et gagnons le paradis avec cette consolation que, bons amis durant notre vie, nous nous puissions entr'aider encore dans la voie de mort.

Palerne, greffier du présidial de Lyon, l'interrompit pour lire l'arrêt, qu'ils entendirent à genoux et tête nue :

« Entre le procureur général du roi, demandeur en cas de crime de lèse-majesté, d'une part; et messire Henri d'Effiat de Cinq-Mars, grand-écuyer de France, et François-Auguste de Thou, conseiller du roi en son conseil d'état, défendeurs et accusés, d'autre :

« Vu le procès extraordinairement fait à la requête dudit procureur général du roi, à l'encontre desdites informations, interrogations, confessions, dénégations et confrontations; copies reconnues du traité avec l'Espagne, et de la contre-lettre faite ensuite dudit traité, en date du 31 mars dernier, arrêt du 6 de ce mois de septembre, pièces et tout ce que le procureur général du roi a promis et remis; ledit d'Effiat ouï et interrogé en la chambre du conseil du présidial de Lyon, sur le cas à lui imposé, sa déclaration, reconnaissance, confession; et ledit de Thou pareillement ouï et interrogé en ladite chambre; conclusions dudit procureur général du roi, et tout considéré;

« Les commissaires députés par sa majesté, auxquels M. le chancelier a présidé, faisant droit sur les conclusions dudit procureur général, ont déclaré lesdits d'Effiat et de Thou atteints et convaincus du crime de lèse-majesté ; savoir : ledit d'Effiat pour les conspirations et entreprises, prodition, ligues et traités par lui faits avec les étrangers contre l'Etat ; ledit de Thou pour avoir eu connaissance et participation desdites conspirations, entreprises, ligues et traités ; pour réparation desdits crimes, les ont privés de tous états, honneurs et dignités, et les ont condamnés et condamnent d'avoir la tête tranchée sur un échafaud qui, pour cet effet, sera dressé en la place des Terreaux de cette ville; ont déclaré et déclarent tous et chacun de leurs biens immeubles généralement quelconques, en quelque lieu qu'ils soient situés et acquis, confisqués au roi, et ceux par eux tenus immédiatement de la couronne, réunis au domaine d'icelle ; sur iceux préalablement prise et levée la somme de soixante mille livres, applicable à œuvres pies, et néanmoins ordonnent que ledit d'Effiat, avant l'exécution, sera appliqué à la question ordinaire et extraordinaire pour avoir plus ample révélation de ses complices. »

Cinq-Mars se leva d'un mouvement rapide, ces derniers mots.

— La mort ne m'étonne pas, messieurs, dit-il avec véhémence, mais je l'avoue, l'infamie de la question me choque l'esprit. La question à un homme de ma naissance et de mon âge! voilà ce que je trouve extraordinaire. Je me ris de la mort, en vérité, mais j'ai peine à digérer votre question.

Le père Malavalette et le père Maubrun, tous deux jésuites, entrèrent alors pour les assister.

— On veut me donner la question, dit Cinq-Mars au père Malavalette, je ne m'y saurais résoudre cependant. Et, comme le religieux l'encourageait, voyant entrer M. de Laubardemont et le greffier, qui venaient pour le conduire dans la chambre de la gêne.

— C'était bien assez de mourir, ajouta-t-il, sans souffrir encore cette infamie!

Il fut présenté à la question seulement; il se confessa ensuite avec ferveur, tandis que de Thou, qui venait de disposer d'une rente annuelle de trois cents livres pour la fondation d'une chapelle dans l'église des pères Cordeliers de Tarascon, composait l'inscription suivante dont il ordonnait qu'on la décorât :

CHRISTO LIBERATORI
VOTUM IN CARCERE PRO LIBERATORE CONCEPTUM
FRANC.-AUGUST. THUANUS.
È CARCERE VITÆ JAM LIBERANDUS
MERITO SOLVIT
XII SEPTEMBR. MDCXLII.

Sur les trois heures après midi, quatre compagnies de la garde bourgeoise de Lyon (appelée alors Pennonnage) furent rangées sur la place au nombre de douze cents hommes. Au milieu de l'espace qu'ils enveloppaient, un échafaud de sept pieds de hauteur fut dressé; au centre, s'élevait un poteau de trois pieds environ, devant lequel on coucha un bloc de bois d'un demi-pied de haut : la face principale de l'échafaud regardant la Saône, et l'échelle de huit échelons se trouvant adossée au côté des dames de Saint-Pierre.

A cinq heures, Thomé, prévôt de Lyon, les archers de robe courte, le chevalier du guet et sa compagnie vinrent se ranger devant le Palais, au perron duquel Cinq-Mars et de Thou se présentèrent au même moment.

M. de Cinq-Mars était vêtu d'un élégant habit de drap de Hollande d'un brun foncé, couvert de dentelles d'or larges de deux doigts. Il portait un chapeau noir, retroussé à la catalanne, des bas de soie verts par-dessus des bas blancs garnis de dentelles, et un manteau d'écarlate. Le vêtement de de Thou se composait d'un habit de deuil en drap d'Espagne, et d'un manteau court.

Un carrosse attendait au bas du perron.

— Ah ! ah ! dit de Thou, on nous mène au paradis en carrosse !

Et montant légèrement le marche-pied, il se mit au fond sur la droite, faisant place à Cinq-Mars, qui s'assit à côté de lui, tandis que les jésuites se tenaient chacun aux portières.

Derrière, d'un pas lourd et honteux, marchait un petit vieillard de mauvaise mine, couvert de haillons, et portant dans sa gaîne un large couperet de boucher : c'était l'exécuteur pour ce jour ; pauvre portefaix qui n'avait jamais rempli pareil office, et que la misère avait poussé à s'offrir pour remplacer le bourreau, retenu au lit par une fracture à la jambe.

Une contestation s'était élevée entre Cinq-Mars et de Thou, au moment de la lecture de l'arrêt, pour décider lequel subirait le premier le supplice; elle se renouvela dans le chemin, chacun revendiquant la douleur d'être livré le dernier à l'exécuteur. Le père Manavalette décida la question en faveur de de Thou, comme étant plus âgé, quand le carrosse s'arrêta au pied même de l'échafaud.

— Allez, dit de Thou en embrassant avec effusion le compagnon de son infortune, allez, c'est à vous de m'ouvrir le ciel!

— Hélas! répliqua Cinq-Mars, je vous ai ouvert le précipice.

Puis, d'un visage riant, la tête levée et le pas ferme il descendit de carrosse et mit le pied sur le premier échelon.

— Monsieur, lui dit un garde du guet en l'arrêtant, il faut être plus modeste; et en même temps il lui enlevait son chapeau. Cinq-Mars se détournant, d'un geste rapide arracha son chapeau au garde, et le replaçant sur sa tête, gravit l'échelle tout d'un seul bond, et se trouva élevé sur l'échafaud. Il salua gracieusement l'assemblée alors, la main sur la hanche, le pied en avant, dans une attitude chevaleresque, et comme s'il eût été encore dans la chambre même du roi. Il se mit ensuite à genoux, et essaya la position qu'il fallait prendre sur le billot. Se relevant alors, il remit à son confesseur une petite boîte enrichie de diamans, dont il le pria d'employer la valeur à des œuvres pieuses, après avoir brûlé le portrait qui était dedans ; puis il se coupa la moustache, et donna les ciseaux au père Malavalette en le priant de lui couper les cheveux et de l'aider à ôter son pourpoint. Il se mit à genoux une seconde fois, et plaçait déjà la tête sur le billot, quand, voyant en bas devant lui un personnage qui était le grand-maître, il dit :

— Je vous prie d'assurer M. de La Milleraye que je suis son très humble serviteur.

Il appuya alors la tête sur le billot, tenant le poteau fortement enlacé de ses deux bras, et, les yeux fermés, il attendit le coup que l'exécuteur lui donna pesamment.

— Ah! s'écria-t-il d'une voix étouffée aussitôt dans le sang; puis il leva les genoux, comme pour se relever, et retomba lourdement à terre. Sa tête n'était pas entièrement séparée du corps; l'exécuteur la saisit de la main droite par les cheveux, et de la gauche s'empressa de scier avec son couperet la trachée-artère et le restant du cou, tandis que les yeux du malheureux patient s'agitaient d'un mouvement convulsif, et répandaient l'effroi dans cette foule muette de terreur et de compassion.

Cinq-Mars mort, on leva la portière du carrosse où était de Thou, et le premier objet qui frappa ses regards en montant sur l'échafaud fut le cadavre de son ami baignant dans son sang et couvert à demi d'un mauvais drap et de son manteau. Ses cheveux coupés, de Thou demanda au bourreau un bandeau pour se couvrir les yeux, et, comme ce malheureux lui répondait qu'il n'en avait pas :

— Messieurs, dit-il en s'avançant sur le bord de l'échafaud et en s'adressant à ceux qui se trouvaient proche, je suis homme, et je crains la mort; je vous demande par aumône de quoi me bander la vue!

On lui jeta aussitôt deux ou trois mouchoirs; il en prit un, remercia avec courtoisie, et se couvrit lui-même les yeux et la partie inférieure du visage. Le coup lui fut porté alors par l'exécuteur, mais d'une main incertaine et faible, trop haut, et sans pouvoir trancher d'un élan la vie dans sa source. Le corps tomba à la renverse, à gauche du poteau, le visage tourné vers le ciel; et, dans cette position déplorable, de Thou, dont les mouvemens indiquaient la douleur, reçut encore onze coups de la main de ce misérable : au douzième seulement, la tête fut détachée du corps.

Les cadavres de Cinq-Mars et de de Thou furent transportés dans le carrosse qui les avait amenés, et déposés dans l'église des Feuillans; Cinq-Mars y fut enterré devant le maître-autel. Le corps de de Thou, porté plus tard aux Carmélites de Lyon, y reçut la sépulture. Son cœur fut envoyé à Saint-André-des-Arcs de Paris, où s'élevait le monument de sa famille.

Cinq-Mars mourait âgé de vingt-deux ans;

de Thou de trente-cinq. Louis XIII, s'il faut en croire les mémoires contemporains, regarda plusieurs fois à sa montre dans l'après-dinée du jour de l'exécution, et, interrogé sur le sujet de son impatiente inquiétude, il répondit en riant à ses courtisans :

— M. Le Grand fait actuellement une vilaine grimace.

XIX

LA FAUSSE ÉPOUSE DE MOLIÈRE.

(1691.)

Molière qui, dans sa verve intarissable et profonde, a si souvent traduit l'infortune des maris trompés au ban du théâtre, ne fut pas, on le sait, entièrement exempt des inclémentes tribulations où il sut puiser une si ample source de comique; et la trop juste jalousie que lui inspira Armande Béjart, sa légère épouse, est venue jusqu'à nous sur le témoignage des contemporains, comme pour prouver qu'il n'est si grand nom, si noble esprit, si beau caractère, qui ne paie aussi, par quelque point, son tribut aux faiblesses et aux douleurs de notre pauvre humanité.

Certes, c'est une chose à déplorer, que de voir un homme tel que Molière en proie aux tourmens, presque aux ridicules d'un mari trompé; aussi nous garderons-nous de parler ici des galanteries de la jolie comédienne, qu'il avait eu le tort d'épouser lorsqu'il en aurait pu être le père : laissant de côté le grand homme pour n'être pas forcé de le plaindre en l'admirant, nous rapporterons seulement les piquans détails d'un procès dans lequel madame Molière, si elle n'y donna pas lieu par sa conduite, se trouva comprise du moins. Demeurés inédits jusqu'à ce jour, les circonstances de ce bizarre procès offriront, nous le pensons, à nos lecteurs, ce genre d'intérêt qui s'attache à tout ce qui touche un nom célèbre; et nos auteurs dramatiques qui, si souvent, ont puisé dans les archives judiciaires le sujet de leurs intéressantes compositions, nous sauront peut-être gré d'exhumer ici pour eux du poudreux amas des curieuses paperasses du Palais un document, dont le nœud, à défaut de dénoûment, semblerait emprunté à la féconde imagination de celui dont une intrigante ne craignit pas de compromettre à la fois le nom, le repos et l'honneur.

Douée d'une rare beauté, d'un esprit piquant et d'un talent remarquable, madame Molière s'était fait une grande et juste réputation parmi les actrices de son époque. Les hommes les plus distingués de la cour honoraient les comédiens de la plus familière amitié alors, et les favoris du grand roi tenaient à honneur de compter parmi les commensaux de Molière. Presque tous courtisaient sa femme ; aucun toutefois, malgré son renom de galanterie, ne pouvait être désigné comme particulièrement admis dans ses bonnes grâces : madame Molière était entourée d'adorateurs; on ne lui connaissait pas d'amans.

Un gentilhomme de province, M. de Lorny, résolut de l'être. Éperdument épris de la comédienne qu'il n'avait vue que sur le théâtre, il chercha à se faire présenter dans la maison de Molière. C'était une chose impossible :

occupé tout entier de son triple labeur de poëte, de directeur et de comédien, Molière vivait de la manière la plus retirée, et les tentatives de M. de Lorny pour former avec lui une sorte de liaison ou du moins de connaissance, échouèrent devant cette sorte de sauvagerie. Encouragé alors par la réputation d'inconséquence et de galanterie de madame Molière, il prit le parti de recourir à une voie qui, pour être moins honnête, n'en devait pas moins assurer le succès de son dessein, s'il en devait croire les bruits de la ville. Une entremetteuse, nommée la Ledoux, était alors renommée pour sa discrétion et son adresse; ce fut à elle qu'il se confia pour obtenir une entrevue de madame Molière.

M. de Lorny jouissait d'une fortune considérable; il s'annonçait comme décidé à ne reculer devant aucun sacrifice; la Ledoux se chargea de l'honorable mission qu'il confiait à sa prudence, en lui faisant toutefois déposer, à tout événement, une somme de mille louis entre ses mains, afin, dit-elle, de mieux assurer la réussite de l'entreprise.

Une seule idée l'obséda dès lors, celle de

s'approprier la somme : et voici le moyen qu'elle imagina pour y parvenir.

Paris, comme de tout temps, renfermait un grand nombre de courtisanes; plusieurs ressemblaient à madame Molière; une surtout, bien que plus âgée, avait tout à la fois, presque à si méprendre, sa tournure, son air de visage et surtout son regard, son dédaigneux sourire et l'accent sonore et touchant de sa voix. Cette fille se nommait la Tourelle : mise au fait de l'intrigue qu'il s'agissait de nouer, elle consentit à jouer le personnage de madame Molière qu'elle avait vue souvent au théâtre, et qu'elle se faisait fort d'imiter, au point de tromper M. de Lorny aussi longtemps que l'amour se traduirait chez lui en marques de magnifique libéralité.

Cependant, depuis son entrevue avec la Ledoux, l'honnête provincial revenait plus impatient chaque jour, et elle, trop adroite pour laisser pressentir la facilité de son entreprise, l'entretenait dans son espérance en en exaltant les difficultés, en suscitant à propos de feints obstacles, en recommandant une prudence qui seule devait assurer le succès.

Après un mois de délai environ, et lorsque le retard avait encore redoublé son impatience, elle se rendit toute joyeuse près de M. Lorny ; elle avait enfin réussi, dit-elle, à triompher des scrupules de la belle actrice : l'hommage de M. de Lorny était accepté, et le lendemain, madame Molière allait se trouver à un rendez-vous donné dans une maison isolée et sûre.

L'amoureux de Lorny témoigna libéralement sa reconnaissance ; et son bonheur fut complet lorsque le lendemain il vit arriver la demoiselle, dans une toilette négligée, et presque cachée dans ses coiffes, comme si elle eût craint d'être reconnue.

Elle joua son rôle à merveille, affectant la petite toux de madame Molière, son afféterie, ses airs importans, ne parlant que de grandeurs, exagérant la fatigue que lui causait le rôle de *Circé*, pièce en vogue alors, et faisant surtout valoir sa complaisance d'avoir condescendu à se rendre dans une maison dont l'éloignement seul pouvait faire concevoir à ses gens des soupçons outrageans et odieux.

Un plus habile y aurait été pris. M. de
Lorny l'accabla des protestations les plus sincères, et la pressa de mettre son amour à l'épreuve en acceptant quelque gage de sa tendre
reconnaissance. La Tourelle joua la femme
opulente : elle ne voulut consentir à recevoir
un présent qu'à la condition que la valeur en
serait des plus minimes, et ce ne fut qu'après
une résistance toute charmante qu'elle voulut
bien choisir, chez le sieur Monot, bijoutier
du quai des Orfèvres, un collier de diamans
que l'heureux de Lorny s'estima trop heureux
de payer huit mille deux cents livres.

Les galans rendez-vous se succédèrent avec
régularité dès lors : la Tourelle avait surtout supplié son heureux amant de ne jamais lui adresser la parole au théâtre, afin,
disait-elle, de mieux tromper la soupçonneuse clairvoyance de Molière, et de ne pas
exciter l'envie de ses compagnes jalouses la
plupart de ses succès. M. de Lorny, assidu
à toutes les représentations de la Comédie,
se contentait donc d'admirer son idole, de
l'applaudir et de s'enorgueillir de ses succès,
sans enfreindre la discrète loi mise pour condition à son bonheur

Deux mois durant, cette douce liaison fut sans nuages : la courtisane en compromit la première la sûreté, par une faute dont elle devait porter cruellement la peine. Les rendez-vous se donnaient chez la Ledoux : chaque fois, la Tourelle se faisait attendre ; un jour, elle manqua tout-à-fait. De Lorny l'attendit avec patience d'abord, puis avec inquiétude, avec mauvaise humeur enfin, et, l'heure du spectacle étant venue, il prit le parti d'aller au théâtre, malgré l'insistance que mit la Ledoux à le détourner de ce projet.

La Comédie-Française donnait ses représentations à l'hôtel Guénégaud ; M. de Lorny s'y rendit en hâte et n'arriva cependant que lorsque la pièce était commencée ; une place demeurait vacante encore au premier rang des bancs placés sur le théâtre ; il y parvint, et la première personne qu'il aperçut sur le devant de la scène fut madame Molière dans l'élégant et riche costume de Circé.

Jamais elle ne lui avait paru si belle : il était venu pour lui adresser un reproche, et lorsqu'en descendant la scène elle passa devant lui, il ne trouva de voix que pour lui dire : « Vous êtes plus adorable que jamais ; si je n'étais amoureux déjà, je perdrais la tête aujourd'hui. » Accoutumée à ces sortes de fadeurs, l'actrice ne fit aucune attention à ses paroles ; il la regarda tendrement, l'appela à demi voix, lui fit des signes d'intelligence : rien ne put lui attirer un regard, un signe, qui pût faire comprendre seulement qu'il eût été remarqué de la dédaigneuse comédienne.

C'était, à son avis, par trop d'indifférence après sa conduite de la journée : la pièce finie, il courut à grands pas vers la loge où madame Molière quittait son costume, et, furieux, troublé, impatient de connaître la cause de tant de mépris, il en ouvrit la porte avec violence.

Madame Molière était seule avec sa suivante : elle n'avait jamais vu cet homme, et grande fut sa surprise, quand, d'un air effaré, l'œil colère et tout l'extérieur empreint d'une violente émotion, il s'assit au fond de la loge, sans prononcer un mot d'excuse, de politesse ou d'explication.

Madame Molière était impérieuse ; elle s'avança vivement vers lui, et, d'un geste digne et théâtral, elle lui fit signe de sortir, tandis que sa suivante ouvrait la porte, prête à appeler du secours.

Si long-temps comprimée, l'indignation de M. de Lorny ne connut plus de bornes : il lui reprocha avec amertume son manque d'égards, son inconstance, sa trahison. Madame Molière était confondue : elle le prenait d'abord pour un fou, mais son air de douleur, son accent sincère, la bonne foi de ses larmes lui firent bientôt soupçonner un piége, et, du ton le plus sérieux, elle lui demanda s'il la reconnaissait réellement, et insista surtout sur ce rendez-vous auquel elle avait manqué, disait-il, elle qui jamais ne l'avait vu, et ne pouvait rien comprendre à cette énigme.

Les reproches de de Lorny devinrent plus vifs et plus menaçans alors ; il se répandit en récriminations et en plaintes, précisa les faits, nomma les lieux, et appela enfin la comédie tout entière pour la rendre témoin de ce qu'il nommait l'infamie et la trahison de la femme à qui il avait tout sacrifié.

C'était trop d'outrages à la fois. Madame Molière, résolue d'en tirer vengeance, voulut que l'on s'emparât du personnage; mais, profitant du moment où elle s'approchait de lui, il saisit le collier qu'elle portait en ce moment, et l'arracha avec violence, croyant que c'était celui qu'il lui avait donné, bien qu'effectivement celui-ci fût beaucoup moins riche. A ce moment accouraient les gardes de la comédie; on ferma les portes, on s'empara de M. de Lorny, et un commissaire, que l'on avait envoyé quérir, le fit conduire en prison sous bonne escorte, en attendant que sa colère se calmât assez pour qu'on en pût tirer quelque raisonnable explication.

Madame Molière rendit plainte; Molière lui-même intervint, et des dommages-intérêts considérables furent réclamés de M. de Lorny en réparation de son insulte et de sa violence.

L'affaire s'instruisit au Châtelet. Les envieuses camarades de madame Molière avaient dès l'abord fait courir dans Paris une scandaleuse histoire où on lui faisait remplir, dans cet événement, un horrible rôle; la reconnaissance qu'avait cru faire d'elle le bijoutier, comme de la personne qui lui avait acheté le collier, en faisait la base. Heureusement les perquisitions auxquelles on se livrait dans Paris pour découvrir la Ledoux, qui s'était cachée dès le premier éclat de cette affaire, ne demeurèrent pas sans succès ; on trouva cette femme, et, dès son premier interrogatoire, elle reconnut qu'elle avait procuré à M. de Lorny la connaissance d'une fille, nommée la Tourelle, qu'il avait crue l'épouse de M. Molière. Bientôt la courtisane qui avait joué ce rôle avec tant d'adresse et de succès, fut arrêtée elle-même : dès lors les calomnies répandues contre la belle comédienne se trouvèrent sans aliment.

Le procès ne pouvait être long en pareille affaire; l'issue n'en pouvait être douteuse non plus, en face des aveux des deux accusées. Molière, satisfait de voir reconnue la méprise dont sa femme avait été victime, voulait qu'on usât d'indulgence; madame Molière n'y voulut jamais consentir, et, à la suite d'un jugement où sont relatés les principaux faits de la plainte, la femme Ledoux et la fille la Tourelle furent exposées au carcan devant l'hôtel de la Comédie.

Cent ans plus tard, le célèbre procès du collier ne rappelait-il pas quelques-unes des circonstances de cette singulière mystification ?

XX

LA MARQUISE DE BRINVILLIERS.

(1651).

La marquise de Brinvilliers, au rapport des mémoires du temps, était une charmante personne. Petite, mais gracieuse dans sa taille, d'une physionomie douce, naïve et même innocente, elle avait un charme particulier dans le sourire et dans le regard, et se faisait distinguer par un esprit aimable et piquant. Fille de M. d'Aubray, lieutenant civil à Paris,

elle épousa, en 1651, le marquis Gobelin de
Brinvilliers, fils d'un président à la chambre
des comptes, et mestre-de-camp du régiment
de Normandie. Ce mariage était au-dessus de
ses espérances ; car, bien que sa famille jouît
d'une aisance honorable, elle était loin d'avoir une de ces brillantes fortunes qui ne se
trouvaient alors que dans les grandes familles
du Parlement. M. de Brinvilliers lui apportait une fortune de quarante mille livres de
rentes.

La marquise aimait le monde, courait les
cercles et recevait elle-même souvent ; grand
nombre de gentilshommes se firent présenter
chez elle, et parmi eux un capitaine de cavalerie du régiment de Tracy, nommé Gaudin
de Sainte-Croix, qui, remarquable par de
brillans avantages extérieurs, se donnait le
titre de chevalier, et racontait hautement
qu'il était bâtard d'une noble famille, « s'en
allant ainsi par le monde, la tête haute, et
coudoyant les honnêtes gens. »

Le marquis avait connu Sainte-Croix à la
guerre ; bientôt il le prit en amitié, et le pria
de venir demeurer dans son propre hôtel. Sa
femme, jeune, sensible, aimable, par dissi-

mulation ou par bonne foi, représenta à son mari les inconvéniens d'une intimité si étroite. M. de Brinvilliers, encore mieux trompé par cette adresse, si c'était calcul, ou sûr de la vertu d'une femme assez sage pour se défier d'elle-même, n'eut point égard à ses représentations. Ce qui devait arriver arriva, dit Voltaire, ils s'aimèrent. Bientôt le lieutenant civil fut averti d'une liaison que la marquise ne prenait nul soin de dissimuler. Indigné de ce commerce scandaleux, il obtint, en 1663, une lettre de cachet contre Sainte-Croix, et vers neuf heures du soir, au moment où tous deux revenaient du Cours-la-Reine, le carrosse fut enveloppé d'une troupe d'archers, qui enlevèrent M. de Sainte-Croix et le conduisirent à la Bastille, malgré les supplications, les menaces et la douleur de la marquise.

Enfermé dans le donjon pour une cause particulière, Sainte-Croix eut la faculté de fréquenter plusieurs prisonniers; un d'eux, un Italien, nommé Essili, était un chimiste fort habile; Sainte-Croix avait lui-même cultivé cette branche des sciences exactes, et, désireux de s'y perfectionner, il demanda à

Essili l'entrée de son laboratoire; bientôt il connut tous ses secrets.

Ils étaient affreux! Essili excellait dans la composition des poisons les plus subtils. Habile autant que cet autre monstre florentin, que l'on nommait l'empoisonneur de la reine Catherine, et qui renfermait la mort dans une orange, dans une fleur, dans une lettre, il initia Sainte-Croix à tous les mystères de son horrible savoir, dans le courant d'une seule année, au bout de laquelle le lieutenant civil n'eut plus la prudence ou le pouvoir de le faire retenir.

Libre une fois, Sainte-Croix devait revoir bientôt la marquise; il lui fit confidence de tous ses secrets; et là devait commencer leur monstrueuse carrière de crimes. Elève et complice des deux scélérats, car Sainte-Croix avait obtenu la sortie de prison d'Essili, elle prélude à ses affreux empoisonnemens par celui de son père! La cupidité et le désir de vengeance la rendent parricide tout d'abord, et c'est le sourire au front, agenouillée a. pieds du vieillard, et implorant son pardon, qu'elle lui offre le fatal breuvage, et le voit sans pâlir avaler le poison.

La mort de M. d'Aubray n'excita aucun soupçon; la marquise, d'ailleurs, soigneuse de prévenir jusqu'aux remarques, empruntait, dès ce temps, le masque de la religion, hantant les églises, se confessant, approchant de la sainte table et parcourant les hôpitaux : partout les louanges, les bénédictions l'accueillaient sur son passage, alors même que, pour essayer la violence « d'un nouveau venin, » elle distribuait à l'Hôtel-Dieu des biscuits empoisonnés qui devaient donner la mort dans un temps prescrit. « Aucun des malades ne survécut à la violence du poison. »

Le frère de la marquise, Antoine d'Aubray, avait succédé à son père dans sa charge : elle lui donna un valet de chambre qui avait appartenu à Sainte-Croix. Cet homme, nommé Hamelin Lachaussée, fut chargé par les deux associés de les débarrasser à la fois de son maître et d'un second frère, conseiller au Parlement; la marquise voulait rester seule de sa famille : un jour donc, que les deux frères dînaient avec six de leurs amis dans la campagne même où avait succombé leur père, une tourte de pigeonnaux fut servie, et tous moururent après avoir langui quelques semaines !

Le lieutenant civil était mort dans un effrayant état d'étisie ; on procéda à l'autopsie de son cadavre ; la cause de sa mort fut reconnue. La marquise toutefois ne fut pas même soupçonnée : une sœur !

Sainte-Croix était désormais vengé. Le père et les deux fils avaient payé de leur vie son année de captivité. C'était le tour de la marquise de désigner une victime, elle prononça l'arrêt de mort de son mari.

Ce crime ne devait pas s'accomplir cependant : Sainte-Croix avait aimé la marquise ; il la redoutait maintenant : son mari mort, elle devenait forcément sa compagne ; il recula devant une telle union, et résolut de combattre le crime de sa complice. « La marquise ne voulait s'en rapporter à personne » du soin de donner la mort à son mari. Elle lui fit prendre une tasse de chocolat dans laquelle était le même poison qu'avait pris son père ; la dose était doublée cette fois, et elle attendit, en souriant, l'infaillible effet du breuvage.

Sainte-Croix l'avait neutralisé. Maître de la marquise dans l'art de donner la mort, il en connaissait l'antidote. Un contre-poison, administré d'avance au marquis, détruisit l'œuvre de sa compagne. Sainte-Croix avait décidé « qu'il resterait en ce monde pour la garder. » Grand fut l'étonnement de la marquise ; plus grande encore sa colère, en voyant se réveiller chaque matin celui qu'elle croyait vouer à la mort chaque jour : elle redoubla la dose, ce fut en vain ; elle changea de poison, consulta Sainte-Croix, eut recours à ses plus violens secrets : le marquis devait lui survivre. « Ainsi ballotté, dit madame de Sévigné, tantôt empoisonné, tantôt désempoisonné, il est demeuré en vie. »

Le Ciel devait se lasser de tant de crimes ! Sainte-Croix fut sa propre victime. Un jour qu'il travaillait, dans son laboratoire, à la composition d'un de ces poisons subtils qui donnent la mort dans une lettre ou dans une fleur, le masque de verre dont il se tenait le visage couvert, pour éviter l'effet des émanations délétères, se détacha tout à coup et se brisa en tombant. Il fut étouffé, et le commissaire appelé le trouva comme frappé de la foudre.

Il ne laissait aucun héritier. Le magistrat procéda à l'apposition des scellés et à une sorte d'inventaire. Sous son lit se trouvait une cassette enveloppée dans un papier sur lequel était écrit :

« Je supplie très humblement ceux ou celles entre les mains de qui tombera cette cassette, de la remettre en mains propres à madame la marquise de Brinvilliers, demeurant rue Neuve-Saint-Paul, attendu que tout ce qu'elle contient lui appartient et la regarde. Au cas qu'elle fût plus tôt morte que moi, de la brûler, ainsi que tout ce qui est dedans, sans rien ouvrir ni innover; et, afin qu'on n'en prétende cause d'ignorance, je jure sur le Dieu que j'adore et tout ce qu'il y a de plus sacré, qu'on n'expose rien qui ne soit véritable; et si, d'aventure, on contrevient à mes intentions, toutes justes et raisonnables en ce chef, j'en charge, en ce monde et dans l'autre, leur conscience, pour la décharge de la mienne, protestant que c'est ma dernière volonté.

« SAINTE-CROIX.

« Fait à Paris le 22 mai 1672. »

Au bas de cette note on lisait :

« A M. Penautier, receveur général du clergé. »

En dépit de cette défense suprême, le commissaire ouvrit la mystérieuse cassette; elle contenait treize paquets cachetés de huit cachets chacun, et portant cette suscription : « Papiers à brûler sans ouvrir le paquet. » Il ouvrit et trouva une quantité de poisons de toute espèce, et de plus toutes les lettres de la marquise et une promesse de trente mille livres, faite par elle à Sainte-Croix, le 20 juin 1670, huit jours après l'empoisonnement du lieutenant civil.

La marquise, effrayée à bon droit à la nouvelle de cet événement, employa tous les moyens pour s'emparer de la cassette, trésor de crimes, qui la perdait; elle n'y put parvenir, et laissant à un avocat une procuration pour retirer la promesse, protestant qu'elle lui avait été surprise, elle se réfugia en Angleterre.

Elle pouvait encore se sauver; la correspondance saisie prouvait seulement sa liaison adultère : une démarche de Lachaussée, l'empoisonneur de ses deux frères la perdit. A peine Sainte-Croix était mort, que cet homme forma une opposition aux scellés pour être payé d'une somme de deux cents pistoles à lui due, disait-il, pour sept années de ses gages. La veuve d'Antoine d'Aubray, devenue madame de Villarceau, en apprenant par la rumeur publique que Lachaussée avait été au service de l'empoisonneur italien, porta un réquisitoire contre lui. Il fut arrêté, mis à la question, et révéla aussitôt des crimes dont l'horreur fut telle, que les juges ne lui permirent qu'à peine d'achever sa déclaration. Il révéla ainsi la mort de M. d'Aubray, celle de ses deux fils et toutes les horreurs dont la marquise était coupable. On lui fit son procès quoiqu'absente, et elle fut condamnée à avoir la tête tranchée; quant à lui, il fut roué vif le 24 mars 1673.

La marquise s'était réfugiée à Londres; elle ne s'y crut pas en sûreté et se sauva à Bruxelles; là encore elle craignit d'être arrêtée, car l'horreur qu'inspiraient ses crimes nivelait toutes les barrières que le droit ordinaire des gens pouvait élever entre elle et la justice. Elle se rendit secrètement à Liége et s'enferma dans un couvent.

Son asile fut bientôt découvert, et un agent d'une rare adresse fut envoyé muni des pouvoirs nécessaires pour l'arrêter et obtenir son extradition. Desgrais, c'était le nom de l'agent, s'introduisit, sous un costume d'abbé, dans le couvent où la marquise avait trouvé un asile; il s'insinua dans sa confiance, lui parla même d'amour, dit-on, et finit enfin, à force d'assiduités et de souplesse, par lui persuader qu'elle avait trouvé en lui un protecteur et un appui. Elle ne se laissait aller à aucune confidence cependant, et l'important était de s'assurer de sa personne. L'occasion ne tarda pas à s'en présenter. L'abbé Desgrais lui proposa une promenade hors du couvent; elle eut l'imprudence d'accepter, et à peine étaient-ils sortis de la ville, qu'elle fut entourée par une troupe d'archers déguisés, à qui Desgrais, jetant de côté la perruque et le court manteau, confia sa prisonnière, tandis qu'il courait au couvent s'emparer des papiers où, se croyant à l'abri de toute crainte, elle se livrait à des épanchemens de franchise que l'on ne peut lire sans effroi, dans le cahier surtout intitulé : *Ma confession générale.*

La marquise était atterrée. De Liége à Paris,

elle ne proféra pas une parole. Dès son arrivée à la Conciergerie, elle fut interrogée par un conseiller de la grand'chambre : elle nia tout, refusant même de reconnaître la cassette de Sainte-Croix. L'existence de son journal la perdait. Reconnu, paraphé par elle dans la procédure, c'était en effet un des plus monstrueux monumens des aberrations de l'humanité, et le plus bizarre peut-être des accidens de la vie de la marquise.

Elle racontait, en effet, dans son journal, l'empoisonnement de son père, celui de ses deux frères et de leurs amis, elle s'accusait d'avoir donné la mort à un de ses enfans, et révélait une foule de forfaits inouis.

Son procès s'instruisait cependant, au grand déplaisir du Parlement, chez qui toutefois le respect pour la justice faisait taire le sentiment de l'esprit de corps. La marquise écrivit à plusieurs personnes : l'une d'elles faillit devenir victime de cette dangereuse correspondance. C'était M. Penautier, l'agent général du clergé, déjà compromis par la suscription des papiers de Sainte-Croix. La marquise lui écrivait en ces termes : « Je n'ai rien avoué ; tentez tous les moyens pour me sauver. » Il n'en fallait pas davantage pour le faire arrêter ; il fut confronté avec la marquise, qui déclara que M. Penautier était innocent. Les magistrats ne trouvèrent pas l'innocence d'un ami de Sainte-Croix suffisamment cautionnée par la déclaration de la marquise, sans doute, car, malgré son titre de receveur du clergé, et le mouvement que se donnaient ses amis, il fut écroué à la prison de la Conciergerie.

Les débats du procès ne devaient guère présenter d'intérêt : peu de témoins furent appelés, encore ne déposèrent-ils que de ouï dire, de propos recueillis et sans gravité. Mais deux témoignages s'élevaient, que la marquise ne pouvait tenter de combattre ; c'étaient les aveux de Lachaussée et le journal écrit de sa main. Dans l'impuissance de répondre à ces argumens sans réplique, elle se décida à avouer : l'appareil de la question fut ce qui la détermina. « En entrant, dit madame de Sévigné, dans le lieu où on devait la lui donner, et, voyant trois seaux d'eau, elle dit : C'est assurément pour me noyer ; car, de la taille dont je suis, on ne prétend pas que je boive tout cela... » Elle avoua tout ; et la confession de sa vie fut plus horrible encore qu'on ne l'avait pu prévoir.

Condamnée à être conduite dans un tombereau à Notre-Dame, à avoir la tête tranchée et à être brûlée, elle ne manifesta aucun trouble, aucune émotion. Elle paraissait plongée dans une profonde rêverie et pria le greffier de recommencer la lecture de l'arrêt. « Ce n'est rien, dit-elle ensuite en souriant, lorsqu'on eut accédé à son désir : c'est ce tombereau qui m'avait frappée... J'en avais perdu l'attention pour tout le reste. »

Le reste, c'était l'échafaud et le bûcher !

Edme Pirot, docteur en Sorbonne, avait été désigné, par le premier président de Lamoignon, pour l'assister dans ses derniers jours ; elle tâcha, selon son témoignage, d'apaiser la colère du ciel par un sincère repentir. « Pendant les vingt-quatre dernières heures de sa vie, écrivait-il, elle fut admirable et si bien éclairée par la grâce, *que j'aurais voulu être à sa place.* »

Elle demanda la communion qu'on lui refusa. Elle demanda du moins du pain bénit, comme on en avait accordé au maréchal de

Marillac; on le lui refusa également. Le maréchal de Marillac était son parent; mais entre le prétendu crime de cette victime de Richelieu et les siens, il n'y avait guère de ressemblance.

La marquise conservait encore quelque espoir. Elle comptait sur les amis de Penautier, et sur la magistrature qui voyait en elle une criminelle infâme, il est vrai, mais qui ne pouvait .. qu'elle était fille d'un magistrat vénéré, et que ses frères avaient siégé sur les fleurs de lis. Sa grâce fut en effet vivement sollicitée; Louis XIV fut inflexible, et le 16 juillet de l'année 1676 fut fixé pour le jour de l'exécution.

Un ami lui était demeuré fidèle dans son malheur : c'était son mari. Il ne la quitta pas durant ses derniers jours. Il l'avait aimée d'un de ces attachemens profonds qui ne s'effacent jamais de l'âme, et lui prodigua ses consolations jusque sous les yeux des bourreaux.

Le 16 juillet, à six heures du soir, la marquise de Brinvilliers, vêtue d'une simple chemise de bure, et une torche de cire jaune à la main, fut amenée dans un tombereau à l'église Notre-Dame, pour y faire amende honorable ; de là, on la conduisit à la Grève. Elle avait la tête couverte d'une cornette de nuit, qui, tombant sur ses yeux, l'empêchait de voir, sinon d'être vue ; à sa droite, était son confesseur ; à gauche, le bourreau. Les fenêtres étaient garnies de monde, et sur la place de Grève, sur le pont Notre-Dame, alors couvert de maisons, dans les rues, sur les quais, la foule était immense et avide de voir cette criminelle, dont le nom répandait l'horreur et l'effroi. Cette foule, qui heurtait son tombereau, n'attira ni son attention ni sa colère : elle savait qu'elle donnait spectacle au peuple, mais quand elle reconnut aux fenêtres de quelques maisons des femmes de la cour, avec qui elle était unie par les relations du monde, une rougeur d'indignation colora un instant ses joues livides : « Oh ! c'est vraiment un beau spectacle, n'est-il pas vrai, mes amies ? dit-elle à ces curieuses de mort en leur lançant un regard de colère et de mépris. » Madame de Sévigné était une de ces curieuses, et, deux jours après, elle écrivait :

« La Brinvilliers est morte comme elle a vécu, c'est-à-dire résolument. Elle est montée sur l'échafaud avec bien du courage, seule et nu-pieds. Là, elle fut un quart d'heure *mirodée*, rasée, dressée et redressée par le bourreau, ce fut un grand murmure et une grande cruauté. Le lendemain, on cherchait ses os, parce que le peuple disait qu'elle était sainte. »

Ce fut une grande et importante question qui occupa long-temps le Parlement, que celle de savoir si la marquise de Brinvilliers avait eu d'autres complices que Sainte-Croix et Lachaussée.

Le président de La Reynie voulut poursuivre cette affaire ; mais alors le fil était rompu, et tout était de nouveau rentré dans le mystère. Penautier fut, il est vrai, arrêté, mais relâché bientôt sur les vives sollicitations du haut clergé et de l'archevêque de Paris lui-même.

Le supplice de la marquise était un effrayant exemple : quatre ans plus tard, cependant, les empoisonnemens devinrent si fréquens à Paris, que force fut d'établir à l'Arsenal la fameuse Chambre ardente, et les personnages les plus illustres, le maréchal de Luxembourg, la comtesse de Soissons, le marquis d'Alluye, madame de Polignac étaient décrétés de prise de corps pour des crimes dont la marquise de Brinvilliers avait ouvert la facile voie.

XXI

MADAME TIQUET.

(1699.)

Les dernières années du règne de Louis XIV présentent comme sujet d'étude, une des époques les plus curieuses peut-être, ou les plus bizarres du moins de notre histoire. Après quarante années de fastueux travaux, de prodigalités chevaleresques, de glorieux succès et de nobles sacrifices, la cour devient tout à coup bigote; la ville l'imite comme d'ordinaire, et la société tout entière change de face, sans transition, sans moyen terme, comme par une sorte d'entraînement.

Tout, dès lors, prend un air de régularité et de réserve : les mœurs, les coutumes, le langage, les dehors même ; et les vices, les passions, la corruption, les crimes, refoulés à l'intérieur, augmentent d'intensité et d'audace en se couvrant d'une enveloppe de rigoureuses pratiques, de dévotes démonstrations. C'est alors que les empoisonnemens deviennent à la mode; que l'intérieur des familles est saisi d'effroi; qu'un mariage mal assorti, une succession enviée, une rivalité chanceuse suffisent pour expliquer un crime, et que d'effrayans exemples d'assassinats se produisent à la fois dans les classes placées au sommet de la société.

« Le grand-pénitencier n'entend autre chose chaque jour que la confession de grandes dames qui s'accusent d'avoir attenté à la vie de leurs époux, » disait à cette époque M. de Noailles, archevêque de Paris, pour encourager le roi à repousser le recours en grâce de la femme d'un conseiller au Parlement; et un exemple était en effet devenu tellement nécessaire, qu'à quelques jours de là, cette femme subissait la peine capitale au milieu de Paris, où son crime avait eu un immense retentissement. C'était madame Tiquet, dont nous allons raconter la tragique histoire d'après les pièces mêmes de son procès.

Fille d'un libraire de Metz, nommé Carlier, elle était restée orpheline à l'âge de quinze ans, avec un demi-million de fortune. Belle, spirituelle, gracieuse, pouvait-elle manquer d'être vivement recherchée? M. Tiquet, conseiller au Parlement, se fit remarquer parmi les prétendans à sa main ; un cadeau de 40,000 livres fait à une tante, tutrice de la jeune fille, des présens de bon goût et de prix gracieusement offerts à celle-ci (un seul bouquet composé de fleurs mêlées de diamans valait 15,000 livres), sa bonne position dans le monde, l'espérance d'une fortune considérable, levèrent les légers obstacles qui pouvaient s'opposer à une union objet de tous ses vœux, et bientôt l'emportant sur ses nombreux rivaux, M. Tiquet devint l'heureux époux de la jeune et belle héritière.

Les trois premières années de ce mariage s'écoulèrent assez doucement, et deux enfans furent le gage d'une mutuelle tendresse. Les goûts de madame Tiquet, l'humeur grondeuse de son mari et la médiocrité de sa fortune surtout, qu'il ne put dissimuler plus long-temps, mirent un terme à cette apparente félicité. Madame Tiquet aimait le faste et croyait, persuadée que la fortune de son mari était égale au moins à la sienne, pouvoir s'y livrer sans regrets. Une vive douleur s'empara d'elle, quand elle apprit que la charge de son mari formait à peu près tout son patrimoine, et qu'il s'était même obéré pour faire réussir sa recherche, en montrant un luxe et une générosité aussi éloignés de son caractère que peu conformes à sa position.

Madame Tiquet avait un frère à qui sa fortune avait permis d'acheter une compagnie, à la suite du partage de la succession paternelle; il était capitaine aux gardes alors, et avait présenté récemment dans la maison de sa sœur un de ses amis, M. de Mongeorge, jeune capitaine de son âge, plein de grâce, d'élégance et d'esprit. L'épouse du conseiller s'en était aperçue à peine; l'espèce de rupture qui venait d'éclater entre elle et M. Tiquet, lui ouvrit les yeux sur le mérite de M. de Mongeorge, et bientôt une passion qu'elle ne sut pas maîtriser, l'entraîna à l'oubli des plus respectables devoirs.

Les créanciers de M. Tiquet le poursuivaient cependant, et ces poursuites donnèrent lieu à sa femme de se pourvoir contre lui en séparation de biens. La guerre ainsi déclarée, le pauvre époux ne garda plus de mesure dans ses plaintes sur les infidélités de sa femme; elles étaient scandaleuses en effet, et à tel point qu'il parvint à obtenir contre elle une lettre de cachet.

Mais il aimait toujours l'infidèle, et avant de se résoudre à la faire enfermer, il voulut tâcher de la ramener par la reconnaissance, ou par la crainte du moins. Après l'avoir donc vainement engagée à rompre avec M. de Mongeorge une liaison qui le rendait la fable de la ville entière, il la menaçait de la punir de ses refus, et lui montrait l'arme terrible que le ministre avait remise dans ses mains, lorsque madame Tiquet, saisissant d'un mouvement rapide la lettre de cachet, la jeta au feu et l'anéantit avant que le pauvre mari pût revenir de sa surprise.

En vain, il sollicita une nouvelle lettre :

cette aventure ne fit que le rendre plus ridicule, et une sentence de séparation fut prononcée au Châtelet. Ils continuèrent de vivre dans la même maison toutefois, ayant un appartement séparé, ne se voyant qu'à table, et avec toutes les réserves d'une politesse méticuleuse. Trois ans durant, cet état de choses se prolongea sans qu'aucun éclat témoignât de l'antipathie qu'ils avaient conçue l'un pour l'autre; la haine de la femme cependant, nourrie par la présence de celui qui en était l'objet, par ses remontrances de chaque jour, par ses reproches et ses brusqueries, devint si vive qu'elle prit la fatale résolution d'attenter à ses jours, pour recouvrer tout-à-fait cette liberté, dont il ne lui manquait cependant que le semblant.

Un homme sûr était nécessaire pour mettre son projet à exécution ; elle se confia au portier de son propre hôtel, Jacques Moura, qu'elle gagna par ses libéralités et même par de plus précieuses faveurs, s'il fallait en croire l'accusation. Moura s'associa pour l'exécution du complot, un nommé Auguste Cattelain, domestique de place, servant d'ordinaire les étrangers, et tout fut disposé pour assurer le succès d'un attentat contre la vie de M. Tiquet.

Mais les dispositions furent mal prises, et le coup manqua, bien qu'un soir des assassins eussent été apostés sur la route par où le conseiller passa. Madame Tiquet alors, soit que le repentir se fût fait place dans son âme, soit qu'elle craignît l'indiscrétion de Cattelain, parut renoncer à son projet, l'annonça à Moura, et lui remit une somme considérable pour qu'il la partageât avec son complice, leur recommandant à tous deux, sous peine de la vie, d'ensevelir à jamais dans le silence son fatal secret.

La jalousie de M. Tiquet devenait plus agressive cependant. Il avait formellement défendu à son portier de laisser entrer M. de Mongeorge dans l'hôtel. Mais bientôt, chassant ce serviteur vendu à sa maîtresse, il n'avait plus voulu s'en reposer que sur lui-même du soin de veiller sur sa maison, tenant la porte fermée dès la nuit tombante, emportant la clef, s'il passait la soirée dehors, et la mettant sous son chevet en se couchant, pour qu'on ne pût sortir sans s'adresser à lui.

Ces précautions n'empêchaient pas madame Tiquet de voir son amant, et ne servaient qu'à aigrir sa haine : elle résolut enfin de se débarrasser de son mari à quelque prix que ce fût, dût-elle le faire assassiner à force ouverte.

Le 10 février 1699, madame Tiquet faisait une visite à la comtesse d'Aunoy (auteur des Aventures d'Hippolyte, comte de Douglas, etc.); le salon se trouvait rempli d'une société nombreuse autant que choisie, lorsqu'elle se présenta tout émue :

— Quelle est la cause de votre trouble? lui demanda-t-on de toutes parts.

— Je viens, dit-elle, de passer deux heures avec le diable.

— Vous étiez là en fort mauvaise compagnie, répliqua madame d'Aunoy.

— Quand je dis le diable, reprit-elle, je veux dire une de ces fameuses devineresses qui prédisent l'avenir.

— Et que vous a-t-elle prédit?

— Rien que de flatteur. Elle m'a assuré que dans deux mois je serais au-dessus de mes ennemis, hors d'état de craindre leur malice, et parfaitement heureuse enfin. Vous voyez bien que je ne puis pas compter là-dessus, car je ne serai jamais heureuse pendant la vie de M. Tiquet, qui se porte trop bien, je vous assure, pour que je compte sur un si prompt dénoûment.

Le même jour, M. Tiquet était assailli à coups de pistolets, tandis qu'elle passait la soirée chez elle avec la comtesse de Senonville, causant avec abandon et gaieté, et riant follement des bruits nouveaux de la cour et de la ville.

M. Tiquet était allé passer la soirée chez madame de Villemur, sa voisine.

Minuit sonnait, et ses domestiques commençaient à s'inquiéter de son absence, lorsqu'on entendit dans la rue le bruit de l'explosion de plusieurs coups de pistolets. On courut en hâte, et l'on trouva M. Tiquet étendu devant sa porte, baigné dans son sang et presque privé de connaissance. Il avait reçu cinq blessures, aucune n'était mortelle heureusement ; la plus dangereuse était auprès du cœur qui, au rapport des chirurgiens, n'avait pas été atteint, parce que, resserré par la peur à l'aspect des assassins, il ne remplissait pas, au moment du coup, toute la place qu'il devait naturellement occuper.

— Qui soupçonnez-vous de ce crime? demanda à M. Tiquet le magistrat.

— Je n'ai pas d'autre ennemi que ma femme, répondit-il.

Cette réponse fixait les soupçons éveillés déjà par la clameur publique, et la procédure fut dirigée en conséquence.

Madame Tiquet cependant, instruite de l'événement, affectait le calme d'une conscience irréprochable. Son mari s'était fait porter chez madame de Villemur; elle s'y présenta à l'instant, et ne se retira que sur son refus formel de la recevoir. De toutes parts, des avis lui vinrent qu'elle allait se voir arrêter; mais elle refusa de prendre la fuite. — Mon mari est l'auteur, disait-elle, de tous ces bruits injurieux; il veut, par une fausse alarme, m'engager à fuir pour s'emparer de mon bien; mais mon innocence me rassure, et je me présenterai devant la justice des hommes avec le même calme que devant la majesté de Dieu.

L'ordre de se saisir d'elle était donné en effet, et le lieutenant criminel Defflta procéda à son exécution. En arrivant au Châtelet, elle dut comprendre qu'il ne lui restait que bien peu d'espoir. Auguste Cattelain avait parlé : soit que le remords de sa conscience le poussât, soit qu'il fût irrité de la défiance de ses anciens complices, qui ne l'avaient pas appelé à prendre part au nouvel assassinat. Il avait, de son propre mouvement, révélé tous les détails de la première tentative. Moura, arrêté de son côté sur cette dénonciation si précise, nia avec assurance; madame Tiquet déclara que Cattelain était un misérable, soudoyé par son mari pour la perdre; que la prétendue première tentative était une fable, et qu'elle était tout-à-fait étrangère au dernier attentat.

Une longue et minutieuse procédure s'instruisit sur l'assassinat. Seize individus, parmi lesquels se trouvaient quatre soldats de la compagnie de M. de Mongeorge, deux femmes de chambre, la cuisinière et un valet de madame Tiquet, furent arrêtés; mais aucune preuve légale ne fut recueillie, aucun témoignage formel ne fut entendu, et l'accusation fut contrainte d'abandonner ce chef, malgré l'existence du corps de délit. Restait le chef de machination d'assassinat, entraînant éga lement la peine capitale (1). Les déclarations d'Auguste Cattelain suffirent pour faire considérer le crime comme évident, et le Parlement rendit, le 17 juin 1699, l'arrêt de mort dont voici les principales dispositions :

« Vu par la Cour le procès criminel, fait au Châtelet par le prévôt de Paris et son lieutenant criminel, à la requête de messire Claude Tiquet, conseiller en ladite Cour, demandeur et accusateur, contre dame Angélique-Nicole Carlier, son épouse, Jacques Moura, ci-devant portier de ladite dame, et Auguste Cattelain, servant les étrangers... Vu la sentence rendue, par laquelle ladite Carlier et ledit Moura auraient été déclarés dûment atteints et convaincus d'avoir, de complot ensemble, médité et concerté de faire assassiner ledit sieur Tiquet, et, pour par-

---

(1) Pour le regard des assassins, et ceux qui, pour prix d'argent, ou autrement, se louent pour tuer ou outrager, exciter aucuns, ensemble ceux qui les auront loués ou induits pour ce faire ; nous voulons, la seule machination ou attentat être punis de peine de mort à tous, encore que l'effet ne s'en soit pas ensuivi, dont nous n'entendons donner aucune grâce ni rémission. (Ordonnance de Blois, du mois de mai 1570, article 196.)

venir audit assassinat, fourni à plusieurs fois différentes audit Cattelain, les sommes de deniers mentionnées au procès; pour réparation de quoi, et autres cas, condamne, savoir : ladite Carlier, d'avoir la tête tranchée sur un échafaud qui, pour cet effet, sera élevé en la place de Grève, et ledit Moura, pendu et étranglé, tant que mort s'ensuive, à une potence, plantée en ladite place de Grève; son corps mort y demeurera vingt-quatre heures, puis sera porté au gibet de Paris. Leurs biens confisqués au profit du roi, sur iceux préalablement pris la somme de 10,000 livres au profit du roi, etc., etc. »

Cattelain était, par le même arrêt, condamné aux galères perpétuelles; Moura et madame Tiquet devaient subir la question pour obtenir la révélation de leurs complices.

Madame Tiquet avait été transportée à la Conciergerie; là, elle charmait ses ennuis, ou donnait du moins le change à son inquiétude, en composant des poésies qui ne manquent ni d'élégance, ni d'élévation, lorsque le 19, à cinq heures du matin, on vint l'appeler pour la conduire à la chambre de la question. Là, l'attendait le lieutenant criminel. Il la fit mettre à genoux, et ordonna au greffier de lui lire son arrêt. Elle entendit cette terrible lecture avec une contenance impossible. — Madame, lui dit Deffita, vous venez d'entendre un arrêt qui vous met dans un état bien différent de celui où vous avez été; au lieu d'une vie honorable et des plaisirs où vous vous abandonniez, vous voilà dans le sein de l'ignominie, et à la veille de subir le dernier supplice. Rappelez votre fermeté, et dites avec le prophète : *J'accepte le calice de salut* (1).

Cette allocution ne fit pas plus d'impression sur la condamnée que la lecture de la sentence, et elle déclara que la peur de quelques tourmens ne lui arracherait pas l'aveu d'un crime dont elle était innocente. Elle changea de langage toutefois après la première épreuve de ces terribles *pots d'eau* qui avaient fait tant de peur à la marquise de

---

(1) Ce Deffita qui tranchait ainsi du prédicateur, est le même qui fit périr Danglade et Lebrun, tous deux innocens. Cette citation, au reste, est celle du troisième verset du psaume CXV : *Credidi propter quod locutus sum*, qu'un autre innocent, de Thou, avait paraphrasé sur l'échafaud au moment de subir le supplice avec Cinq-Mars.

Brinvilliers, elle demanda quartier et se reconnut coupable.

— Le capitaine de Mongeorge n'a-t-il pas eu part à votre crime? lui demanda Deffita.

— Oh! non, répondit-elle avec effusion, je n'ai eu garde de lui en faire confidence; j'aurais perdu son estime et son amour.

Son frère cependant et Mongeorge mettaient tout en usage pour lui sauver la vie ; et leurs instances allaient peut-être être couronnées de succès, lorsque l'opposition de M. de Noailles, dont nous avons plus haut rapporté les paroles, décida du refus du roi. M. Tiquet se présenta lui-même alors; il était remis de ses blessures et prononça, en se jetant aux pieds de Louis, une sorte de discours apprêté d'avance.

— J'implore votre clémence, disait-il, ne soyez pas plus sévère que Dieu même, qui pardonne au repentir. Je pardonne, sire, et mes enfans lèvent en faveur de leur mère leurs mains pures et innocentes vers vous.

Le roi demeura inexorable, et M. Tiquet, par une transition que l'on trouva tant soit peu stoïque, se retrancha à demander à son profit la confiscation des biens de sa femme. Cette faveur lui fut octroyée.

M. de la Chétardie, curé de Saint-Sulpice, prodiguait les consolations de la religion à madame Tiquet pendant ce temps. Elle le recevait avec des sentimens chrétiens, le priant surtout d'obtenir son pardon de son mari, et de Moura, qu'elle entraînait avec elle à la mort.

Le refus du roi fut bientôt connu, et la population de Paris se rua tout entière sur le chemin que devait parcourir cette femme dont le crime, la constance et la beauté étaient le sujet de tous les entretiens. À cinq heures, on vit s'avancer le sinistre cortége. Madame Tiquet, entièrement vêtue de blanc, était assise à côté du curé la Chétardie; une coiffe, abaissée sur ses yeux, dérobait en partie ses traits pâles et réguliers; une exhortation touchante du bon curé lui rendit le courage qui commençait à l'abandonner; elle releva sa coiffe, regarda la foule d'un air modeste, mais calme et assuré, et soutint, par ses paroles et sa contenance, la fermeté de Moura, qui, placé sur le devant de la charrette, s'abandonnait au désespoir

Ils arrivaient ainsi à la Grève, et leur supplice allait être terminé dans quelques instans, quand tout à coup un violent orage éclata. On attendit pour procéder à l'exécution, que la pluie qui tombait par torrens, cessât un instant; et, pendant cette cruelle attente, elle demeura dans la charrette, ayant devant les yeux l'appareil de mort, au pied duquel elle voyait un carrosse noir, attelé de ses propres chevaux, et attendant que le bourreau y vînt déposer son corps. Elle demeura ferme cependant : le supplice de Moura parut seul l'affecter un instant; mais bientôt, montant vivement sur l'échafaud, elle accommoda ses cheveux avec autant de promptitude que de grâce, et, se plaçant sur le billot, présenta le cou au glaive. Tant de résolution et de force, tant de beauté peut-être troublèrent le bourreau, et ce fut avec des cris de terreur et d'indignation qu'on le vit se reprendre à trois fois pour accomplir son cruel office.

La tête, séparée du corps, resta une heure sur l'échafaud, tournée du côté de l'Hôtel-de-Ville, et exposée aux regards du peuple. Son mari lui fit rendre, à Saint-Sulpice, les honneurs funèbres.

On n'avait pas inventé la complainte encore ; c'était le temps de Bossuet, de Fléchier et de Mascaron ; un de leurs admirateurs sans doute, fit imprimer l'*Oraison funèbre* de madame Tiquet, divisée en trois points, et ayant pour thême et pour épigraphe : *spiritu magno ultima vidit :* elle vit la mort avec grandeur d'âme.

XXII

LA VOISIN.

(1680.)

Le 11 janvier 1680, une chambre ardente avait été établie à l'arsenal pour la recherche et la punition des nombreux crimes d'empoisonnemens qui depuis cinq années désolaient Paris et y répandaient la terreur. Catherine Deshayes, veuve Monvoisin, et quarante individus signalés comme ses complices, comparurent les premiers devant cette terrible Cour d'enquête dont les formes et la procédure devaient rappeler dans leur promptitude et leur énergie les actes effrayans de la mystérieuse inquisition. Bientôt dix ou douze hommes et femmes du peuple, convaincus de pratiques superstitieuses et de tentatives d'homicides, furent condamnés et subirent, sans rien révéler, l'horrible supplice du bûcher : d'autres, moins coupables et non moins crédules, furent envoyés aux galères ; le tour vint enfin de la Voisin ; et Paris, la cour et la ville, attendirent dans la stupeur et l'anxiété le dénoûment de cette horrible et indéchiffrable tragédie.

Issue d'une honorable famille, la Voisin avait exercé d'abord avec distinction et profit la profession d'accoucheuse. L'amour effréné des plaisirs, le goût de la dépense et de la recherche, lui firent bientôt trouver insuffisantes les ressources que lui procurait son honorable industrie ; elle résolut de spéculer sur la crédulité publique. Dès lors, elle prédit l'avenir, fit les cartes, tira des horoscopes, réconcilia les amans, retrouva les objets perdus, indiqua les trésors cachés, et vendit des secrets pour conserver la jeunesse, rendre invulnérable, gagner au jeu, etc., etc. En plein cœur du dix-septième siècle, et l'on aurait peine à le croire, la Voisin vit le succès dépasser son espérance ; une affluence extraordinaire se pressa dans sa modeste demeure ; elle prit alors un hôtel, eut des laquais, un suisse, presque une cour.

Ce fut ce luxe qui la perdit. La marquise de Brinvilliers venait d'expier par le feu une vie toute souillée de crimes ; Paris se trouvait sous le coup de graves et vives inquiétudes ; toute mort imprévue ou soudaine devait passer pour l'effet du poison, et la police redoublait forcément d'activité pour rassurer les esprits. Suspecte par sa vie de dissolution et ses dépenses, la Voisin fut accusée de débiter en secret des poisons ; la Vigouroux, son frère, le prêtre Guibourg, se révélèrent eux-mêmes ses complices. En vain, elle crut se sauver en compromettant dans ses aveux la duchesse de Bouillon, la comtesse de Soissons, le maréchal de Luxembourg. Le 19 février, un arrêt fut rendu qui la condamnait à mort, et ordonnait, pour avoir révélation de ses complices, qu'elle serait préalablement appliquée à la question.

La Voisin était une folle de l'espèce la plus dangereuse, car sa folie lui donnait une force morale capable de surmonter tous les préjugés, de braver les dangers et de se rire des souffrances. Elle voulait la célébrité, et, pour l'obtenir, la question, le supplice, ne lui semblaient rien ; ses aveux que l'on ne peut lire sans étonnement et sans effroi, attestent aujourd'hui la désorganisation de cet esprit bizarre et coupable, qui se charge à plaisir de forfaits impossibles, d'atrocités sans nom, se donne pour complices les illustrations les plus pures d'un temps si fécond en vertu, et fait montre et parade de son atroce férocité.

Le soir du mardi, 20 février, la Voisin, enfermée à la Conciergerie dans une chambre aux murs nus, à la fenêtre étroite et grillée, sans autre meuble qu'une paillasse, une couverture trouée, une table boiteuse et souillée de vin, deux escabelles chancelantes et un grand nombre de bouteilles dont elle avait consommé le contenu, attendait qu'on lui lût sa sentence, et qu'on l'appliquât à la question.

Petite, laide, rabougrie et desséchée par

l'âge, la Voisin avait conservé une incroyable vitalité dans son petit corps étique et osseux ; sans cesse elle s'agitait comme par mouvemens galvaniques, et cette pétulance continuelle, comme si elle ne se bornait pas aux rapides mouvemens du corps, semblait avoir un foyer dans son esprit comme un reflet sur son visage. Ce visage, en effet, si maigre que l'apparence de la mort se dessinait sous ses rides, n'était pourtant pas désagréable au premier aspect, tant était vive l'expression maligne et la mobilité singulière de ses traits. Ses yeux, bien qu'éraillés, creux et dénués de cils, lançaient de flamboyans regards dont l'éclair pénétrait jusqu'à l'âme. L'usage du vin avait coloré sa figure d'une teinte pourpre et terreuse à la fois, et ses lèvres seules, minces et rentrées, restaient blanches, comme pour attester que sa bouche, incessamment souillée de blasphêmes, ne pouvait pas même rougir.

A neuf heures, le greffier se présenta, suivi d'archers et de valets de geôle, pour conduire la condamnée dans la chambre de la question ; bientôt on fut descendu par les escaliers ténébreux et sourds, dans la vaste salle située aux étages inférieurs. Un banc s'y trouvait pour les officiers de justice ; un matelas, placé sur un lit de camp, y attendait la patiente après sa cruelle épreuve. Autour, une nombreuse collection d'instrumens de tortures étaient suspendus, variés de forme et d'usage ; quelques-uns noircis par le sang, quelques autres hors de service. La muraille, que la vapeur des torches avait enfumée, étalait, en guise de tapisserie, les marteaux, les maillets, les scies, les coins émoussés et rompus ; à côté se voyaient les clous, les cordes, les coquemards, les anneaux de fer, et tout l'appareil menaçant, capable de forcer les aveux par son seul aspect, sans le recours de tous ces tourmens que l'innocence même eut si rarement la force de supporter.

Au milieu de la salle, on voyait le siége de la question, lourd fauteuil de bois à ressorts, muni de solides ferremens, pour tenir le condamné dans une position horizontale, la tête en arrière et les jambes écartées pendant la question des brodequins ; le chevalet étroit, sur lequel on couchait le malheureux durant la question par l'eau, et les tréteaux servant à lui disloquer les membres, quand, suspendu en l'air par des câbles attachés aux poignets et aux jarrets, le moindre mouvement suffisait pour faire craquer les os dans leurs articulations.

Les hôtes de ce redoutable repaire, tous vêtus de noir, semblaient être aussi des instrumens de supplices. Le greffier Voisin qui, avec sa triste ressemblance de nom, avait contresigné l'arrêt; le premier rapporteur de la chambre ardente, M. de Bezons; le second rapporteur, le terrible La Reynie; le chirurgien Morel et deux exécuteurs enfin, qui, faisant partie vivante de cet arsenal de torture, avaient cependant la physionomie moins cruelle que les juges, étaient réunis dans la salle; les deux porte-clefs entrèrent avec la Voisin et se retirèrent après avoir salué MM. de Bezons et La Reynie, déjà installés en tribunal pour diriger les derniers interrogatoires.

Les soldats restèrent aussi en dehors vis-à-vis de la porte épaisse qui leur interceptait la vue des supplices, mais ne pouvait étouffer les cris perçans des misérables soumis aux tourmens.

— Je vous salue, messieurs, dit la Voisin en s'inclinant devant le tribunal.

— Dieu vous accorde la grâce de vous repentir et de faire une bonne mort, répliqua La Reynie ; écoutez à genoux l'arrêt, et que le ciel vous fasse miséricorde !

Le greffier Voisin lut alors cette pièce :

« Vu par la chambre souveraine ardente établie à Vincennes suivant les lettres-patentes du roi du mois de mars 1679, le procès fait par les deux rapporteurs d'icelle, à ce par elle commis, contre Catherine Deshayes, femme Monvoisin, dite vulgairement la Voisin, pour raison des impiétés, empoisonnemens, artifices et maléfices, larcins, complots contre la vie des personnes, sacriléges et autres crimes sans nombre attribués à ladite Voisin ; ouïe et interrogée par la chambre ardente, ladite accusée sur les cas contenus au procès ; tout considéré, dit a été que ladite chambre a déclaré et déclare la Voisin criminelle de lèse-majesté divine, homicide de fait et d'intention, entachée de pratiques diaboliques, et, pour réparation, a condamné et condamne ladite Voisin à faire amende honorable à la porte de Notre-Dame, avec un cierge de quatre livres à la main, et à être conduite en la place de Grève pour y être brûlée et ses cendres jetées au vent ; a ordonné, la chambre souveraine, que, après cette sentence lue à ladite Voisin, elle soit de nouveau interrogée sur ses complices et sur ce qui mieux appartiendra ; puis, après, appliquée à la question ordinaire et extraordinaire ; ordonne enfin, la chambre, que tous les biens meubles et immeubles de ladite Voisin sont et demeurent confisqués dans la main du roi, qui, de ces biens, veut qu'il soit fondé un obit perpétuel en l'église Saint-Jacques-du-Haut-Pas, pour les âmes des victimes qu'elle a fait mourir. »

La Voisin avait entendu son arrêt sans pâlir ; elle se livra d'elle-même aux exécuteurs, elle s'assit en riant sur le siége de la question, en disant :

— Allons, écrivez, greffier ; je ne crois pas, en vérité, avoir tout dit, car j'ai commis plus de péchés qu'il n'y a de damnés en enfer.

Les deux exécuteurs s'emparèrent d'elle, lui lièrent les mains derrière le dos, lui attachèrent les jambes aux chevilles et aux genoux avec de grosses cordes, lui découvrirent la tête, et retroussèrent sa robe à l'entour des

reins pour en faire une sorte de tablier, moins
décent d'apparence que d'intention. Elle n'opposa aucune résistance à ces préparatifs menaçans, n'éprouvant pas plus l'émotion de
la crainte que celle de la pudeur, elle blas-
phémait, riait, chantait et ne changeait ni de
contenance ni de visage. En vain, les rapporteurs l'engagèrent-ils à se recueillir et à
recommander son âme à Dieu; elle demeura
indifférente aux sentimens de contrition que
l'on cherchait à exciter dans son âme. M. de
Bezons leva sa baguette alors, et la question
commença. La patiente, enlevée du siége où
elle était assise, fut étendue le long d'un chevalet tellement étroit, qu'elle n'aurait pu y
demeurer en équilibre, quoique ses pieds et
ses mains fussent toujours attachés, si l'on
n'eût fortement fixé son corps sur la barre
de bois transversale, avec des cordes passées
sous les aisselles et autour des reins : le chevalet avait été auparavant assujetti par des
écrous, de manière à ce que les mouvemens
convulsifs de la patiente ne pussent le renverser ; elle se trouvait ainsi comme suspen-
due en l'air, car tout son corps ne reposait
que sur la traverse de bois qui égalait à peine

la superficie de son épine dorsale, et s'enfonçait presque dans la chair, comme une lame tranchante : la compression et la douleur devaient être d'autant plus vives, que l'estomac et les intestins de la victime seraient plus chargés d'eau. La Voisin ne paraissait pas souffrir d'une position si cruelle, et, plus fière qu'un martyr chrétien au milieu des persécutions, elle regardait les assistans avec effronterie, répétant des airs à boire d'une voix enrouée, jurant quand la mémoire lui manquait, et encourageant les exécuteurs à ne pas lui faire grâce.

— Premier pot d'eau de l'ordinaire, dit M. de Bezons d'une voix lente et solennelle.

— A votre santé, reprit la Voisin.

Elle ne put en dire davantage, car l'un des exécuteurs, qui avait rempli d'eau froide un grand coquemard d'étain contenant deux pintes, lui appliqua une espèce de muselière garnie d'un mors d'acier pour l'empêcher de fermer la bouche ; et, pendant que le second exécuteur lui tenait la tête immobile, il lui serrait d'une main les narines, tandis que de l'autre il versait du plus haut possible, et goutte à goutte, les deux pintes d'eau, sans qu'elle témoignât le plus léger sentiment de souffrance par des plaintes, des contractions de la face ou des horripilations de tous les membres. Quand le pot fut épuisé, les exécuteurs allongèrent de trois crans le chevalet, à l'aide d'un cric renfermé dans la machine, et le corps de la condamnée reçut une égale extension.

— C'est bien, mes amis, dit-elle, lorsqu'on lui eut ôté la muselière ; je me plaignais d'être trop petite.

— Je vous exhorte à déclarer la vérité, dit La Reynie ; tâchez de gagner au moins la miséricorde divine.

— Au diable ! répliqua la Voisin ; et elle se mit à chanter, d'un accent rauque et sourd, une des chansons licencieuses de l'époque.

— Deuxième pot de l'ordinaire ! dit M. de Bezons.

— Dieu vous le rende, fit-elle en riant, ouvrant d'elle-même la bouche pour qu'on y adaptât la muselière.

— Ne voulez-vous point révéler quelque chose? dit encore La Reynie, quand le chevalet monté d'un seul cran, eut fait craquer les os de la patiente. Et, sur un nouveau refus, le troisième et le quatrième pots d'eau lui furent ingurgités.

Elle but ainsi sept pots d'eau, formant en totalité l'énorme masse de quatorze pintes, et ce ne fut que lorsque le médecin Morel, qui n'avait pas cessé de lui tâter le pouls, la déclara hors d'état de subir une nouvelle épreuve, que M. de Bezons, abaissant sa baguette, ordonna : « Qu'attendu qu'elle avait souffert la question ordinaire et extraordinaire, on la pouvait soulager. »

Alors la patiente, qui ne donnait plus signe de vie, fut délivrée de ses liens et retirée du chevalet. On la coucha sur le matelas, et on l'approcha de la cheminée pour que la chaleur du feu, aidée de frictions faites sur toutes les parties du corps avec des brosses de crin, combattît l'asphyxie commencée. Son ventre et sa poitrine étaient ballonnés, ses poumons dégageaient avec peine et à longs intervalles un souffle pénible; mais bientôt, après de violentes nausées, la respiration se régularisa, et elle revint à elle, sans toutefois reprendre assez de force pour soulever sa tête pesante et pouvoir prononcer une seule parole.

Ramenée à minuit dans son cachot, elle reprit enfin sa force et son assurance. Madame de Sévigné, qui était, comme elle dit elle-même, une des curieuses de supplices d'alors, a tracé en quelques mots la relation de ses derniers momens :

« En rentrant, elle dit à ses gardes : — Quoi ! nous ne ferons pas *media noche !* Elle mangea avec eux à minuit par fantaisie, elle but beaucoup de vin et chanta vingt chansons à boire, recommençant ainsi, toute brisée qu'elle était, à faire la débauche avec scandale. On lui fit honte, et on lui dit qu'elle ferait bien mieux de penser à Dieu et de chanter un *ave, maris stella* ou un *salve,* que toutes ces chansons; elle chanta l'un et l'autre en ridicule. Elle dormit ensuite. Le lendemain mercredi se passa de même en débauches et en chansons. Enfin le jeudi (22 février 1680), on ne voulut lui donner qu'un bouillon ; elle gronda, craignant de n'avoir pas la force de parler à ces messieurs. On voulut la faire confesser ; point de nouvelles. A cinq heures, on la lia, et avec une torche à la main, elle parut dans le tombereau, habillée de blanc : c'est une sorte d'habit pour être brûlée ; elle était fort rouge, et l'on voyait qu'elle repoussait le confesseur et le crucifix avec violence. A Notre-Dame, elle ne voulut jamais prononcer l'amende honorable, et à la Grève, elle se défendit autant qu'elle put de sortir du tombereau ; on l'en tira de force, on la mit sur le bûcher, assise et liée avec du fer, on la couvrit de paille ; elle jura beaucoup ; elle repoussa la paille cinq ou six fois ; mais enfin le feu s'augmenta ; on la perdit de vue, et ses cendres sont en l'air maintenant. Voilà la mort de madame Voisin, célèbre par ses crimes et son impiété. »

La Voisin avait soixante ans : sa mort ne produisit dans Paris qu'une impression assez vulgaire. Madame de Sévigné en plaisanta, comme on vient de voir ; Corneille (Thomas) n'avait pas attendu l'issue de son procès pour la traduire au théâtre sous le nom de madame Jobin dans sa joyeuse comédie de *la Devineresse*. Un seul incident curieux signala le jour de son supplice, c'est que La Fontaine, qu'elle avait compté au nombre de ses crédules amis, arrivant à Paris après une assez longue absence, se présenta chez elle pour demander de ses nouvelles, et apprit alors seulement qu'une heure avant, elle avait été brûlée en place de Grève.

Le bon fabuliste la pleura, tout en regrettant, curieux de spectacles qu'il était, de n'être pas arrivé plus tôt, afin d'assister à son supplice.

FIN DU DEUXIÈME VOLUME.

TABLE

DES

CHAPITRES CONTENUS DANS CE VOLUME.

CHAPITRE I.   1
— II. Assassinat du connétable de Clisson, par
  Pierre de Craon.   17
— III. Meurtre de monseigneur le duc d'Or-
  léans   33
— IV. Le duc d'Alençon.   51
— V. Procès du comte de Saint-Pol.   63
— VI. Procès du maréchal de Gié (Pierre de
  Rohan).   79
— VII. Disgrâce et supplice de Samblaçal. . .   105
— VIII. Le cartel de François Ier.   119

TABLE DES CHAPITRES.

Chapitre	IX. Le maréchal de Biez et son gendre Coucy-Vervins.	133
—	X. Montgommery.	147
—	XI. Le maréchal de Marillac.	159
—	XII. Mort du maréchal de Biron.	177
—	XIII. La maréchale d'Ancre.	193
—	XIV. Le comte d'Entragues et mademoiselle de Balzac.	211
—	XV. Le duc de Montmorency.	225
—	XVI. M. de Saint-Preuil.	243
—	XVII. François de Montmorency-Bouteville et Deschapelles.	261
—	XVIII. MM. de Cinq-Mars et de Thou.	277
—	XIX. La fausse épouse de Molière.	297
—	XX. La marquise de Brinvilliers.	311
—	XXI. Madame Tiquet.	329
—	XXII. La Voisin.	347

FIN DE LA TABLE.

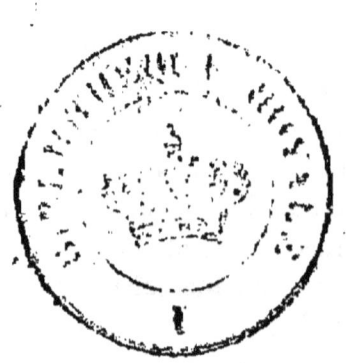

Contraste insuffisant

NF Z 43-120-14

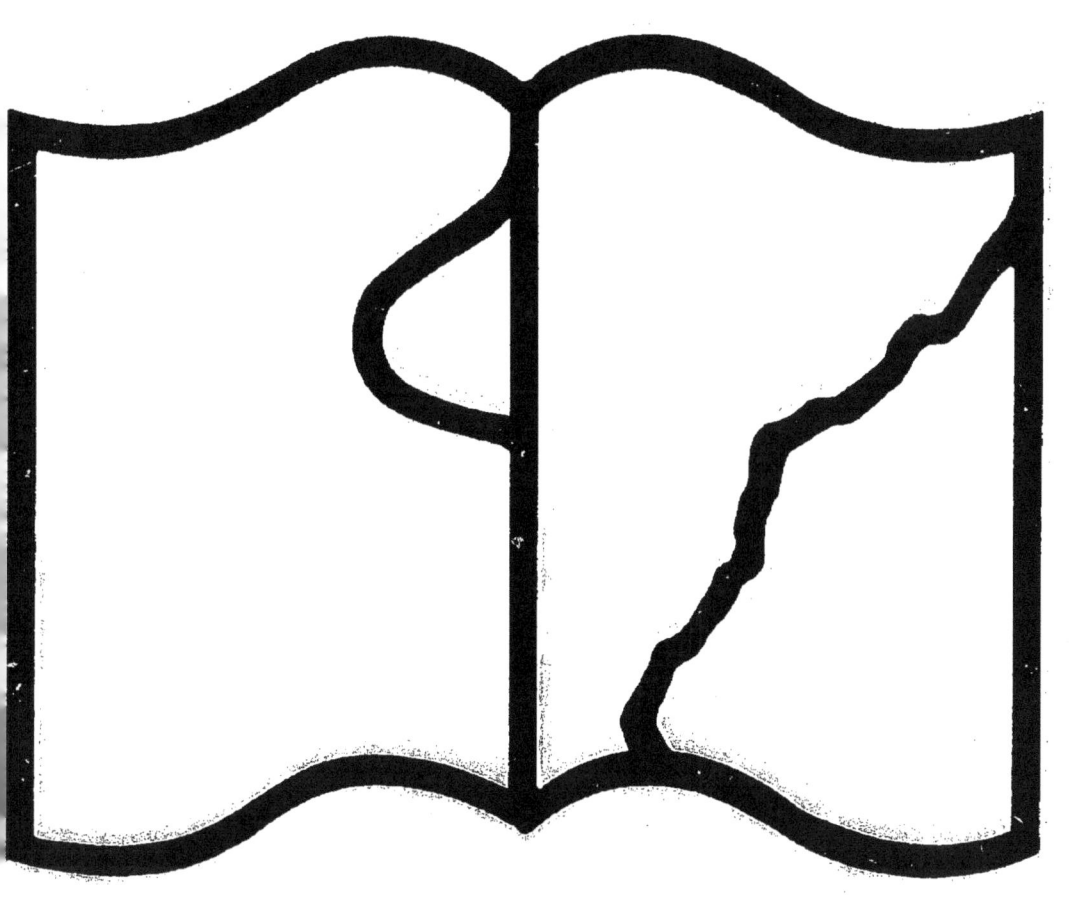

Texte détérioré — reliure défectueuse

NF Z 43-120-11

www.ingramcontent.com/pod-product-compliance
Lightning Source LLC
Chambersburg PA
BHW062007180426
`99CB00033B/1315